Traumland Südafrika

Eine Reise durch eine andere Welt.
Mein Reiseerlebnis nach Südafrika - Erfahrungen, Erlebnisse, Highlight und Herausforderungen, inklusive Südafrika Packliste

Inhaltsverzeichnis

Inhalt

Einleitung

Als ich das erste Mal am Flughafen in Südafrika ankam, war mir klar, dass ich gerade das Traumland betreten habe. Die herrliche Atmosphäre direkt am Flughafen, das Klima und die sinnlichen Eindrücke haben mich in einen magischen Bann gezogen.

In diesem Ratgeber möchte ich allen Menschen einen Einblick in die atemberaubende Welt Südafrikas geben und dieses Erlebnis mit jenen teilen, die den Gedanken an eine Safari oder Südafrika hegen.

Mittlerweile bereise ich regelmäßig Südafrika und habe mir über die Jahre einen sehr großen Erfahrungsschatz an Wissen, Ressourcen und Erfahrungen aufgebaut. Diese Wahrnehmungen und Eindrücke möchte ich gerne mittels dieses Sonderreports teilen. Ich werde meine schönsten Südafrika Erfahrungen, Momente und Reiseziele teilen. Gerade ein solches Land hat andere Sitten, Bräuche und Lebensumstände. In diesem Zuge gibt es Dinge, die beachtet werden sollten, damit es ein harmonisches Zusammentreffen mit Einwohnern und Bevölkerung gibt.
In dieser einzigartigen Südafrika Zusammenstellung werde ich auch auf die No Go's eingehen, damit der Südafrika Trip zu einem unvergesslichen Highlight im Leben wird.

Ziel des Buches

Dieser Südafrika Sonderreport dient dazu, dich mit ins Traumland zu nehmen und dir schon vor deiner etwaigen Reise einen Einblick zu geben.

Du erfährst die herrlichsten südafrikanischen Gerichte kennen, die deinen Gaumen verwöhnen. Du erlebst die Kultur aus einem ganz anderen Blickwinkel und mit intensiven Eindrücken. Du wirst die Schönheit der Savanne mit mehr Sinnen und in kraftvollen Farben wahrnehmen, da du im Vorfeld schon die besten Insider kennst.

Südafrika ist wirklich ein echtes Traumland. Damit dein Urlaub dahin nicht zum Albtraum wird, hilft dir dieser Ratgeber dabei, alles genau zu planen. Ich habe dir auch eine Packliste zusammengestellt, damit du auch da schon viel an Gedankenarbeit abgenommen bekommst.

Wusstest du, dass du in Südafrika an manchen Tagen nicht einmal mit der Kreditkarte alles kaufen kannst, was dein Herz begehrt? Gerade für uns Westeuropäer gibt es einige Gefahren, die im Zusammenhang mit Südafrika verbunden sind. Über diese Gefahren wirst du hier bestens informiert.

Links und Ressourcen

Eine Südafrika Reise und die dazugehörige Safari, kann durchaus einiges an Geld kosten. Manche Menschen verwirklichen sich diesen Traum wenn überhaupt nur einmal im Leben.

Ich habe immer nach Möglichkeiten gesucht, um...
1. ... Südafrika regelmäßig bereisen zu können
2. ... den Geldbeutel zu schonen

Lange war es ein Hin und Her und ich fand einfach keine Lösung für beide Herausforderungen. Bis ich einem Freund von meiner neuen Südafrika Leidenschaft erzählte. Dieser meinte, es gäbe eine Möglichkeit, wie du bei deiner Safari und Afrika Reise bis zu 75% sparen kannst (und wie manchmal sogar kostenlose Reisen drin sind).

Zugegeben, ich konnte es selbst nicht glauben und musste mich erst überzeugen. Genau das kannst du hier auch machen. Überzeuge dich selbst: https://afrikaspezialist.com/kostenlos-reisen

Ich kann nur sagen, dass sich ein genauer Blick lohnt! Seit ich diese doch etwas ungewöhnliche Technik nutze, kann ich beide Ziele verwirklichen:

1. Regelmäßig die schönste Zeit in meinem Traumland verbringen
2. Meinen Geldbeutel erheblich schonen

Was noch dazu kommt: Gerade beim Mietwagen sparst du garantiert 40%. Alleine dafür lohnt sich der Blick hinter diese ungewöhnliche Strategie schon.
https://afrikaspezialist.com/kostenlos-reisen

Das Schöne für mich ist:
KEIN Meilen sammeln
KEINE Punkte
und vor allem KEIN MLM.

Darüber hinaus gibt es hier die besten Südafrika Reiseführer. Eine solche Reise sollte besser vorbereitet sein, deshalb rate ich dir, in einen Südafrika Reiseführer zu investieren, auch wenn du dieses E-Book gelesen hast.
Gerade in der Savanne gibt es manchmal tagelang kein Internet und dann wird es auch schwierig auf diesen Online Ratgeber zuzugreifen. Daher empfehle ich dir das physische Exenplar dieses Reiseführer: https://afrikaspezialist.com/buch

Bevor wir nun gleichen den sommerlichen Safariwind auf der Haut spüren und Südafrika das erste Mal erleben, beschäftigen wir uns einmal kurz mit der Abreise, der Reiseplanung, dem Flug und der Vorbereitung auf Südafrika.

Reisevorbereitung und Reiseplanung

Südafrika ist eines der besten Länder, um die Natur zu erkunden. Hier warten auf Reisende abwechslungsreiche und sehenswerte Orte, wie die vielen Nationalparks, das Gebirge und die Küstenebene mit großen Felslandschaften und angenehmen Sandstränden. Eine Safari durch Südafrika ist ganzjährig empfehlenswert.

Südafrika wirbt mit dem Slogan „Die ganze Welt in einem Land“ und das stimmt ganz sicher.

Zu Beginn einer Reiseplanung stellt man sich ein paar Fragen, über die man sich erst einmal selber Klarheit verschaffen muss. Über die folgenden Fragen sollte man sich wenigstens annähernd Gedanken gemacht haben.

- Reist du zum ersten Mal nach Südafrika?
- Wie lange soll die Reise dauern?
- Wann möchtest du verreisen?
- Gibt es einen besonderen Anlass?
- Individuell oder eine geführte Reise?
- Rundreise oder einzelne Ziele?
- Kapstadt und Garden Route?
- Wäre auch eine Safari von Interesse?
- Wäre eventuell eine Badeverlängerung interessant?
- Tafelberg?
- Whale Watching (Juli – Oktober)?
- Eigener Mietwagen?
- Welches Gesamtbudget steht zur Verfügung?

Reiseplanung ist alles. Wer hatte nicht schon als Jugendlicher den Wunsch, Afrika kennen zu lernen? Leider hat man sich nie so richtig damit beschäftigt, weiß nicht so genau, was auf einen zukommt und was das Ganze kostet.
Jahrelang ist das lediglich ein Traum geblieben und man hat nähere Ziele bevorzugt.

Das soll sich jetzt ändern!

Südafrika, neben Namibia eines der letzten Abenteuer, die man noch erleben kann.

Südafrika ist ein Reiseziel, das einen begeistert. Wilde Tiere in Massen, Abenteuer, Naturparks, staubige Straßen, Wildnis pur, Afrika eben.

Wenn man sich entschlossen hat, in Südafrika einen Urlaub zu verbringen, ist das sicher die beste Entscheidung, die man treffen kann.

Der Großteil der Bevölkerung spricht Englisch, was eine der vielen Amtssprachen ist. In Südafrika gibt es elf Landessprachen. Neben Englisch und Afrikaans sind eine Menge Stammessprachen verbreitet.
Deutsch begegnet einem hier und da und wenn man aus Norddeutschland kommt, kann man Afrikaans manchmal etwas verstehen (aber wer von den anderen Urlaubern spricht schon Afrikaans?).
Nun kommen noch eine Menge Fragen und Überlegungen auf einen zu, die geklärt werden wollen.

Eine Reiseplanung ist dann unumgänglich, wenn man keine Pauschal- oder geführte Reise in das südliche Afrika unternehmen will. Je nachdem, macht die Planung aber auch großen Spaß. Fehler in der Planung können allerdings fatal sein. Man darf nicht vergessen, dass Südafrika 3 1/2 Mal so groß wie Deutschland ist und rund 50 Millionen Einwohner hat.

Fangen wir also mit der Planung an.

Reist du zum ersten Mal nach Südafrika?

Dann ist es wichtig, sich ein paar Informationen über das Land, das Klima und die Menschen zu holen.

Einen ersten groben Überblick bekommt man über das Internet bei Google –
https://afrikaspezialist.com/wickipedia

Wie lange soll die Reise dauern?

Je nachdem, wieviel Zeit man für die Reise hat, richtet sich natürlich auch das Programm.

Ein Land wie Südafrika ist nicht nur sehr groß, sondern hat enorm viel Sehenswürdigkeiten, die auch in einem längeren Urlaub nicht alle „abgeklappert“ werden können.

Hier müssen erste Entscheidungen getroffen werden.
Südafrika wirbt mit dem Motto: „Die ganze Welt in einem Land“ und das ist wirklich nicht übertrieben.

Wann möchtest du verreisen?

Südafrika liegt bekanntlich auf der Südhalbkugel, was bedeutet, dass die Jahreszeiten genau der Nordhalbkugel entgegengesetzt sind. Im Südafrikanischen Winter, also zwischen Juni und August, kann es in den Höhenlagen, der Drakensberge und sogar in Johannesburg zu Schnee kommen. Nachts ist es “schweinekalt“ und tagsüber angenehm warm mit ca. 23 ° C.

Im November bis März ist es dort sehr warm bis heiß, wobei man auch da unterscheiden muss.
Eine recht genaue Klimatabelle findet man im Internet.

Ich bin immer gerne nach Weihnachten oder im Februar - März nach Südafrika geflogen. So konnte ich dem „Schmuddelwetter" in Deutschland aus dem Wege gehen und hatte schon einen Vorgeschmack auf unseren Sommer.

Gibt es einen besonderen Anlass?

Die Frage stellt sich nur, wenn du z.B. eine Hochzeitsreise planen und feiern möchtest. Auch Jubiläen kann man prima planen und es gibt eine Menge guter Hotels, die so etwas perfekt ausrichten. Da bieten sich allerding Aufenthalte in Städten wie Kapstadt oder Durban an.

Individuell oder eine geführte Reise?

Diese Entscheidung ist enorm wichtig für einen schönen Urlaub.

Eine geführte Reise würde ich immer dann bevorzugen, wenn ich zum ersten Mal in ein Land wie Südafrika reisen will.

Profis stellen ein Paket zusammen und ich kann unter einer Vielzahl von Reiseangeboten wählen. Ich weiß ganz genau, was mich erwartet und was das Ganze kostet. Auch die unterschiedlichsten Wünsche wegen der Dauer der Reise, lassen sich erfüllen.

Von einer Woche Kapstadt, bis zu einer Rundreise gibt es ein großes Angebot von Reisedienstleistern.

Mit Kartenmaterial und guten Beschreibungen der diversen Sehenswürdigkeiten bewaffnet, werden erste Pläne geschmiedet. Hier ist die Hilfe eines guten Reisebüros von großem Nutzen. Man bekommt erste Tipps und Jede Menge Infomaterial, das eine erste Auswahl ermöglicht. Wenn man dann noch an einen Reisebürokaufmann gerät, der sich im Land gut auskennt, ist das besonders hilfreich. Das kommt gar nicht so selten vor, sind doch die Mitarbeiter der Reisebüros häufig unterwegs, um ihre Kunden individuell bei der Reiseplanung beraten zu können.

Eine individuelle Reise erfordert deutlich mehr Planung und Eigeninitiative.

Hier muss ich mich um alles selber kümmern. Welche Reiseroute, welche Hotels oder Gästefarmen, welche Highlights möchte ich sehen, muss ich einige Besuchsprogramme im Voraus buchen, usw. Wo bekomme ich ein Fahrzeug zu mieten, ist der Vermieter seriös und was kostet das Ganze.

Der Vorteil ist, dass man in Südafrika selten einen Wagen mit Allrad, also einen sogenannten 4x4, benötigt, was sich durchaus im Mietpreis auswirkt. In Namibia komme ich normalerweise ohne einen 4x4 nicht aus.

Auch hier ist natürlich die Hilfe eines guten Reisebüros, wie oben beschrieben, sehr hilfreich.

Eine individuelle Planung hat allerdings auch den großen Vorteil: Man ist nicht an Programme gebunden. Wenn ich in Kapstadt bin und heute auf den Tafelberg möchte, kann ich das tun oder ich fahre lieber zum Kap der guten Hoffnung. Ich bin frei in meinen Entscheidungen.

Rundreise oder einzelne Ziele?

Das richtet sich natürlich auch ganz erheblich nach der Zeit, die mir zur Verfügung steht.

Mein guter Freund Ralf Schmitz schaffte es, in 8 Tagen Kapstadt, den Kruger Nationalpark und - in einem Käfig gesichert - auf der

Garden Route nach Haien zu tauchen. Das geht aber nur, wenn man schnelle Verkehrsmittel wählt und mit Hubschrauber oder Kleinflugzeug größere Strecken überbrücken kann. Natürlich ist das auch etwas teurer, als eine geführte Reise und auch nur zu empfehlen, wenn man absolut nicht länger weg sein kann. (Irgendwann schaffe ich es, Ralf für drei Wochen nach Namibia zu locken!)

In einer Woche kann man z.B. gut Kapstadt besuchen. Die Vielzahl der Sehenswürdigkeiten in und um die Stadt ist groß und man könnte sogar noch Ziele an der Garden Route anpeilen. Wenn man zwei Wochen Zeit hat, lassen sich sehr gut Ziele kombinieren, ohne dass man in Hektik geraten muss und hat trotzdem sehr viel zu sehen. Ich war immer der Meinung, unter drei Wochen lohnt sich die Afrika-Reise nicht. Man braucht einfach ein wenig Zeit, um alles verarbeiten zu können. Auch die Flugkosten bleiben immer gleich. Egal, ob ich eine Woche unterwegs bin oder vier Wochen.

Wer gerne viele Tiere oder gar die Big Five sehen möchte, ist im Krüger Nationalpark genau richtig. Einer der größten und "wildreichsten" Parks Afrikas ist immer einen Besuch wert. An der Garden Route gibt es auch private Game Resorts. Da gibt es aber nicht das breite Angebot eines Kruger Nationalparks.

Kapstadt und Garden Route?

Das Land ist einfach zu groß, um alle Sehenswürdigkeiten zugleich besuchen zu können. Hier bietet es sich an, Schwerpunkte zu wählen.

Urlaub in Südafrika bedeutet, jedenfalls wenn man das erste Mal nach Südafrika kommt, meist einen Aufenthalt in der Kap-Region. Traumhafte Landschaften und sonnige Küsten locken immer mehr Touristen in das Land. Die kommen nicht zuletzt auch wegen Kapstadt und dem Hauptreiseziel, dem Tafelberg, nach Südafrika. Kapstadt wird von nicht wenigen als die schönste Stadt der Welt angesehen - ich gehöre dazu.

Neben den großen Städten wie Kapstadt, Durban oder Johannesburg und Pretoria ist die Garden Route zu nennen. Sie reicht von Kapstadt bis Port Elisabeth. Auf den 750 km gibt es jede Menge Highlights.

Vor allem die gut 150 km von Wilderness bis Tsitskamma bestechen durch eine wunderschöne Landschaft, bewaldete Berge, weite Strände und eine teilweise felsig-wilde Küste im Tsitsikamma-Nationalpark.

Entlang der gesamten Route gibt es eine Fülle von Hotels aller Kategorien, Landhäuser und Gästezimmer.

In und um Kapstadt werden eine Fülle an Sehenswürdigkeiten geboten.
Als absoluter Höhepunkt ist natürlich der Tafelberg zu nennen. Der Blick von dort über die Stadt ist atemberaubend. Die Waterfront bietet eine Fülle von Einkaufsmöglichkeiten. Bedeutende Sehenswürdigkeiten liegen dicht beieinander. Nicht zu verachten sind die schönen Geschäfte und Restaurants in der Stadt.

Ein Besuch am Kap der Guten Hoffnung und am Cape Point, was nicht das Gleiche ist, lohnt sich immer. Für Weinliebhaber lohnt sich auch ein Besuch in Groot Constantia. Hier nahm der Weinbau seinen Anfang in Afrika.

Tafelberg?

Noch 150 km von der Küste entfernt kann man den Tafelberg sehen. Seit Jahrhunderten dient er Seefahrern als Anhaltspunkt auf ihrem Weg, um das Kap der Guten Hoffnung zu finden.

Jedem ist das Gedicht von Jan van Riebeeck im Hafeland, dessen Birnbaum in seinem Garten stand, bekannt. Kapstadt begann als „Gemüseinsel", um die Schiffe auf dem Weg nach Ostindien damit zu versorgen. Das war im Jahr 1652. Inzwischen hat sich einiges getan.

Kapstadt ist eine kosmopolitische Stadt und die einzige in Schwarz- Afrika, in der Weiße, Mischlinge (Coloureds) und Asiaten fast 90 % der Bevölkerung ausmachen.

Ich liebe Kapstadt auch deswegen, weil man sich praktisch nicht verlaufen kann - und das in einer Millionenstadt. Im Norden überragt der Tafelberg alles und ist immer zu sehen. Im Süden sieht man meist die Waterfront und den Hafen. Im Westen den tiefblauen Atlantik und im Osten den türkisen Indischen Ozean.

Der Tafelberg überragt alles. Die Bergkette ist ca. 50 km lang und an deren Südende liegt das Kap der Guten Hoffnung.

Auf dem Tafelberg herrscht eine große Pflanzenvielfalt. Etwa 1400 Pflanzenarten sind identifiziert; das sind mehr, als in ganz Großbritannien anzutreffen sind. Viele von ihnen sind endemisch, d. h. nirgendwo sonst auf der Welt zu finden. Dazu gehört auch die Nationalblume Protea, wovon es hunderte Sorten gibt.

Neben einer großen Zahl von Wanderwegen mit unterschiedlichen Schwierigkeitsgraden führt bereits seit 1929 auch eine Seilbahn auf den Tafelberg und überwindet einen Höhenunterschied von 700 Metern. Die beiden modernen

Kabinen drehen sich während der Fahrt um die eigene Achse, weswegen die bis zu 65 Fahrgäste eine gute Übersicht behalten.

Auf der 1200 Meter langen Strecke gibt es keine Stützen. Die Seilbahn kann über 800 Personen pro Stunde befördern.

Wäre auch eine Safari von Interesse?

Ein Hauptgrund, nach Afrika zu reisen, sind natürlich die wilden Tiere. Schön wäre es, die Big Five sehen zu können (Elefant, Nashorn, Büffel, Löwe und Leopard). Das ist am ehesten in den Nationalparks gegeben. Einer der bekanntesten und auch der größten Parks ist ohne Zweifel der Kruger Nationalpark.

Mit 20.000 km2 ist er der größte und artenreichste Park ganz Afrikas. Der 350 Kilometer lange Park gilt zwar als überorganisiert, trotzdem bietet der „Kruger“ unglaublich viele Tiere und ursprüngliche Wildnis.

Die Preise für ein Tagesticket sind seit Jahren unverändert bei ca. 300 Rand, das entspricht in etwa 19 Euro.

Im Nationalpark selber würde ich nicht übernachten. Die Preise sind relativ überteuert. In der Umgebung gibt es genug preiswerte und gute Übernachtungsmöglichkeiten.

Wäre eventuell eine Badeverlängerung interessant?

Die Badestrände rund um Kapstadt sind sehr beliebt und werden gerne angenommen. Besonders geeignet für Badeferien sind z.B ostafrikanische Länder wie Mosambik, Kenia und Tanzania. Auch die Insel Sansibar mit ihren Traumstränden würden dich begeistern. Sogar die Insel Mauritius liegt nur einen Katzensprung entfernt. Das ist für mich aber schon wieder ein anderes Kapitel und hat direkt mit dem Thema Südafrika nichts zu tun.

Whale Watching (Juli – Oktober)

Von Juli bis Oktober ziehen die Wale entlang der Küste und sind im Bereich von Hermanus besonders gut zu beobachten.

Hermanus ist ein südöstlich von Kapstadt gelegener Küstenort in der südafrikanischen Provinz Westkap und ein beliebtes Ziel zur Walbeobachtung.

In der Zeit, wenn die Wale entlang ziehen, gibt es eine Fülle von Bootstouren, von wo aus man die Wale wunderbar beobachten kann. Die Wale lassen sich allerdings auch durchaus von Land aus beobachten.

Ein Erlebnis, das man sich nicht entgehen lassen sollte, wenn man um diese Zeit in Kapstadt ist.

Eigener Mietwagen?

Zu dem Thema habe ich einen ausführlichen Bericht auf meinem Blog geschrieben. Hier geht es zum Artikel: https://afrikaspezialist.com/mietwagen

Welches Gesamtbudget steht zur Verfügung.

Diese Frage ist natürlich besonders wichtig, da davon die ganze Planung abhängt. Bei geführten Reisen hat man die gesamten Kosten schnell beieinander. Da kommt höchstens noch der Betrag für Trinkgelder und Mitbringsel dazu.

Bei Reisen, die man selber plant, ist das nicht ganz so einfach, da man nicht jede Ausgabe vorher verbindlich einstufen kann. Aber in dem Fall gibt es Beispiele, die als Anhaltspunkt herhalten.

Der Flug kostet normalerweise unter 1.000 Euro in der Hauptsaison. Im afrikanischen Winter kann man auch schon einmal für 500 Euro nach Kapstadt oder Johannesburg fliegen. Das Gleiche gilt für Hotels, Pensionen, Gästehäuser, ja selbst für die Safari.
Eine seriöse Planung des Budgets ist nur möglich, wenn die Reiseplanung bis in jedes Detail abgeschlossen ist.

Kapstadt, Weltstadt mit Herz

Wenn man schon ganz im Süden Namibias ist - wir kamen ja von Sossusvlei - kann man sich überlegen, ob man über die B1 weiter über den Oranje, den Grenzfluss zwischen Namibia und Südafrika, nach Kapstadt fährt. Diese sehr schöne aber auch anstrengende Fahrt habe ich vor ein paar Jahren „notgedrungen" einmal gemacht.

Mein Bruder musste in Kapstadt am Herzen operiert werden und durfte nicht fliegen. Weniger schön war, dass wir in knapp zwei Tagen diese traumhaft schöne Strecke zurücklegen mussten. Deswegen war es in unsere Fall auch anstrengend. Von dieser Fahrt berichte ich aber ein anderes Mal im Detail.

Von Windhoek aus nach Kapstadt zu fliegen ist ein „Katzensprung". In knapp zwei Stunden ist man in Kapstadt. Die Flugkosten sind je nach Jahreszeit etwas unterschiedlich, halten sich aber bei Hin- und Rückflug mit ca. 200 Euro durchaus im Rahmen.

Kapstadt - Ein Traum, den man sich verwirklichen sollte.

Wirklich schöne Städte sind selten im südlichen Afrika. Kapstadt, das viele als die schönste Stadt der Welt bezeichnen, ist eine Ausnahme. Wo gibt es eine Großstadt, die sich über 2.500

Quadratkilometer ausdehnt und rund 3,7 Mio. Einwohner hat, in der man sich nicht verlaufen kann? Man hat immer Anhaltspunkte in Sichtweite, die die Orientierung garantieren.

Die Waterfront im Süden, den "Tafelberg" im Norden. Nach Westen den dunkelblauen "Atlantik" und nach Osten den türkisfarbenen "Indischen Ozean".

Einen guten Reiseführer sollte man sich trotzdem leisten und diesen bei sich tragen. Hier findest du dieses Buch als gebundene Version: https://afrikaspezialist.com/buch

Der Großstadtflair mit all seinen Museen, Theatern, Restaurants und flippigen Bars, die außerordentliche Geschichte, die einmalige Lage zwischen zwei Weltmeeren und natürlich die lebensfrohen Menschen sind nur einige Gründe für meine Begeisterung für diese Stadt.
Sie haben sicher bemerkt, ich bin voreingenommen. Ich liebe Kapstadt und fliege fast immer hin, wenn ich in Namibia bin.

Nach Kapstadt zu kleinen Preisen oder sogar kostenlos:
https://afrikaspezialist.com/kostenlos-reisen

Tafelberg Kapstadt

Der Tafelberg - Ein monumentaler Aussichtspunkt

Der Tafelberg überragt in seiner ganzen Schönheit alles. Die Einheimischen sagen, dass manchmal eine "Tischdecke" den Tafelberg bedeckt. Fallwinde lassen den Nebel wie einen Wasserfall dicht an der Felswand "herab fließen". Schön anzusehen. Wenn man allerdings in dieser Zeit gerade auf dem Tafelberg ist, sieht man nicht die Hand vor Augen.

Man sollte sich auch vor der Sonne in Acht nehmen. Die Höhe des Berges und die Reflektion des Wassers tragen dazu bei, dass man sich einen massiven Sonnenbrand holen kann. Der stete Wind suggeriert eine Kühle, die nicht gegeben ist. Ohne Schultertuch für die Damen und einen Hut für die Herren geht gar nichts. Meine Tochter hat sich einmal die Schultern und die Oberarme so verbrannt, dass wir einen Arzt aufsuchen mussten. Der Blick vom Tafelberg ist traumhaft schön. Mit seiner Höhe von 1.100 Metern und einer fast senkrechten Wand, ist schon die Fahrt mit der Kabelbahn ein Erlebnis. Dabei darf natürlich auch die erwähnte Kabine, die sich um die eigene Achse dreht und einen Rundumblick gewährt nicht vergessen werden.

Video vom Tafelberg: https://afrikaspezialist.com/tafelberg-video

Hafen von Kapstadt

Waterfront Kapstadt - Ehemaliges Armenviertel wird zur Shoppingmeile

Die Waterfront ist das alte Hafenviertel, das bereits 1870 rund um das historische Becken des Hafens von Kapstadt erbaut wurde. Die etwas "schmuddelige" Hafengegend wurde ca. 1990 völlig umgestaltet, wobei viele Unterkünfte, die sich die schwarze Bevölkerung noch leisten konnte, verschwanden. Das hat auch durchaus für Unruhen gesorgt.

In kurzer Zeit wurden alte Gebäude restauriert und neue gebaut. Es entstanden ein Einkaufszentrum, kleine Museen und Raritätenläden, eine Brauerei und zahlreiche gastronomische Einrichtungen. Hinzu kamen angepasste Hotels, exklusive Appartement- und Bürohäuser sowie große Parkplätze und ein Yachthafen. Hier entstand ein Touristikcenter, das sehr hoch frequentiert wird.

Signal Hill bietet grandiosen Rundblick auf Kapstadt

Von Kapstadt aus ist der Signal Hill sehr gut mit dem Auto über ein paar Serpentinen zu erreichen. Besonders gegen Abend, wenn die Stadt hell erleuchtet ist, bietet sich ein grandioser Rundblick auf die Stadt und das Meer. Signal Hill ist zwar nur ca. 400 Meter hoch aber neben dem Lions Head und dem Devil's Peak gehört er zum Massiv des Tafelberges im Table Mountain National Park. Er ist von Kapstadt nahezu umgeben. Nördlich befindet sich der Stadtteil Sea Point, östlich die Innenstadt, südlich Camps Bay und die Zwölf Apostel.

Pinguine bei Simon's Town

Simon's Town

Simon's Town ist eine kleine Stadt in der False Bay östlich von Kapstadt. Hier wurde schon vor mehr als 200 Jahren ein idealer Marinestützpunkt errichtet. Südlich von Simon's Town liegt der beliebte Strand "Boulders Beach" - der nach den gewaltigen Granitfelsen, die über den Strand verteilt liegen, benannt ist. Hier gibt es eine große Kolonie von Brillenpinguinen. Zum Ärger einiger Bewohner haben sie sich nicht nur am Strand breit gemacht, sondern lieben es auch, in den Vorgärten der schönen alten Häuser zu brüten. Die Pinguine haben im Laufe der Zeit ihre Scheu nahezu verloren und können sehr lästig sein, abgesehen davon, dass sie alles voll koten. Gleich hinter dem Miller's Point beginnt das Naturreservat des Kaps mit Heide, Proteen und Nadelgewächsen. Die Protea hat eine sehr große und schöne Blüte, die es auch in Deutschland, vor allem um die Weihnachtszeit, zu kaufen gibt. Die Protea lässt sich prima trocknen und hält sich auch als frische Blume außerordentlich lange.

Cape Point

Cape Point - Der Schiffsfriedhof Südafrikas

Von Simon's Town geht es weiter auf der 52 km langen Landzunge zum Cape Point und zum Kap der Guten Hoffnung. Das Kap der Guten Hoffnung besuchen alle, obwohl das gar nicht der südlichste Punkt ist. Hier gibt es aber eine Infrastruktur und wundervolle Aussichtspunkte. Am Cape Point, ein paar

Kilometer weiter, ist die magische Schnittstelle zweier Weltmeere.

Der kalte Benguela-Strom, der mich schon in Swakopmund, in Namibia, frösteln ließ, trifft hier auf den warmen Indischen Ozean. Cape Point ist wesentlich spektakulärer, als das Kap der Guten Hoffnung. Cape Point liegt nur wenig weiter und ist völlig naturbelassen.

Außer einem Hinweisschild ist hier nichts zu sehen. Das Gefährliche für die Schifffahrt sind der stürmische Wind und die Felsen, die hunderte von Metern in das Meer hinausragen und zum Teil nur wenige Meter aus dem Wasser ragen und von den Schiffen aus kaum zu sehen sind. Hunderte gesunkener Schiffe bezeugen die Gefahr.

Spektakuläre Serpentinen mit Whale Watching

Eine der spektakulärsten Küstenstraßen des Landes ist der Chapman's Peak Drive. Er schlängelt sich auf einer Länge von zehn Kilometern immer zwischen Meer und steilen Felswänden durch 114 Kurven zu einem Aussichtspunkt in 160 Metern Höhe.

Der Bau dieser Straße galt als undurchführbar, bis es deutschen Ingenieuren 1915 gelang, das Projekt zu verwirklichen. Immer wieder kam es zu schweren Unfällen weil große Felsbrocken von der Steilwand auf die Straße fielen und Fahrzeuge mit in die Tiefe rissen. Heute sind die Hänge weitestgehend durch Netze gegen das herabfallende Geröll gesichert. Mit etwas Glück kann man von den Aussichtspunkten aus Wale sehen, die sich hier an dem Küstenstreifen gerne treffen.

Südafrikas Provinz Westkap - Das Zentrum guter Weine

Südafrika ist bekannt für seine wunderbaren Weine. Der Weinbau ist in Südafrika ein wichtiger Wirtschaftsfaktor und wird seit 300 Jahren betrieben. Als Jan van Riebeek auf seiner Reise bemerkte, welch ideales Klima für den Weinbau herrschte, beschloss er Rebstöcke aus Europa einzuführen. Eine der heute bekanntesten Sorten ist der Pinotage.
Das Hauptanbaugebiet befindet sich in der Provinz Westkap. Eigentlich wäre es dort viel zu warm für den Weinanbau. Die kühle Meeresströmung des Benguela sorgt aber für deutliche Abkühlung.

Weinlokal in Groot Constantia

Auf der Fahrt zu den schönsten Weinanbaugebieten lohnt sich ein Stopp in Hout Bay. In den 1980er Jahren wurde Hout Bay aufgrund seiner Lage als Urlaubs- und Touristenziel entdeckt, weshalb der Anteil von nicht-südafrikanischen Einwohnern relativ hoch ist. Die wachsende Beliebtheit des Ortes führte zu stark steigenden Immobilienpreisen. Hier haben die Reichen und die Superreichen ihre Häuser.
Direkt auf der "Rückseite" des Tafelbergs führt die "Weinstraße"

zu wunderschönen Weingütern. Hier nahm der Südafrikanische Weinbau seinen Anfang. Hier, in Groot Constantia, liegt auch das älteste Weingut des Landes mit traditionsreichen Häusern im Kap-holländischen Stil. Die Weine sind in aller Welt bekannt und beliebt.

Einen guten Reiseführer als gebundene Version? Hier bekommst du einen! https://afrikaspezialist.com/buch

Kostenlos verreisen? Hier klicken:
https://afrikaspezialist.com/kostenlos-reisen

Kapstadt, eine Traumstadt in Südafrika, gehört zu den schönsten Städten der Welt. Ich bleibe dabei, wenn auch im gleichen Atemzug immer wieder Rio oder San Francisco genannt werden - und das sicher zu Recht. Wie immer ist alles Geschmackssache.
Der Tafelberg liegt am Fuße einer 50 km langen und 20 km breiten Bergkette, an deren Ende das Kap der Guten Hoffnung liegt.
Kapstadt ist so voller Highlights, dass man sich schon ein wenig orientieren muss, um einigermaßen das Gleichgewicht zwischen Freizeit und Besuchsprogramm hinzubekommen, denn wenn man Kapstadt nennt, darf man seine beeindruckende Umgebung nicht vergessen.

Soweit ich mich erinnere, hat es in Kapstadt immer schon ein Miteinander von Menschen aller Nationen, Hautfarbe und Religionen gegeben. Die Apartheid war nach meiner Kenntnis hier immer weniger ausgeprägt, als sonstwo im Land. Und doch merkte man, dass Kapstadt schon immer ein viel besuchter und weltweit wichtiger Hafen war, in dem Seeleute und Besucher aus aller Welt zusammenkamen.
Kapstadt hat ein ganzjähriges mildes Klima und ist alleine deswegen schon eine Reise wert.

Okay, jetzt höre ich auf zu schwärmen, obwohl ich noch lange und viel über Kapstadt erzählen könnte, aber es gibt noch genug andere Ziele in der Umgebung.

Hier habe ich von den vielen Angeboten ein paar wenige Reiseziele beschrieben, die sich anzusehen auf jeden Fall lohnen und mir besonders gefallen haben.

Seilbahn ohne störende Stützen

Ein absolutes Muss ist die Fahrt mit der Seilbahn. Die im Jahre 1997 komplett erneuerte Bahn aus dem Gründungsjahr 1929 mit moderner Kabine, die sich während der Fahrt einmal um die eigene Achse dreht, wurde in der Schweiz gebaut.

Seilbahn auf den Tafelberg

Die Fahrt auf den Gipfel dauert 7 Minuten und ist auch für Rollstuhlfahrer geeignet. Dadurch, dass sich die Gondel dreht, hat man einen einmaligen Panoramablick, ohne seinen Standort wechseln zu müssen. Die Kabinen fahren auf zwei Tragseilen und werden mittels eines Zugseils bewegt. Es gibt auf der ganzen Strecke keine Stützen

Eintausend Pflanzenarten, die nur hier vorkommen

Wer gut zu Fuß ist, kann die Bergstation auch über mehrere Wanderwege erreichen. Mit diesem traumhaft schönen Ausblick macht die Wanderung immer Spass.

Königs Protea auf dem Tafelberg

Auf dem Tafelberg gibt es eine große Zahl von Pflanzen, die es nirgends sonst auf der Welt gibt. Es gibt alleine hunderte von Proteen, die auch zu Südafrikas Nationalblume zählt.

Eine Besonderheit sind die Klippschliefer. Ein Tier, so groß wie ein Hase, soll mit dem Elefanten verwandt sein. Die kommen hier auf dem Tafelberg in großen Kolonien vor und sind auch nicht so scheu, wie anderswo. Hier sind sie Menschen, die ihnen nichts tun, gewöhnt. Auf dem Tafelberg gibt es auch eine Vielzahl von verschiedenen Raben und Krähen, die dauernd und in großer Zahl den Berg umfliegen.

Der Tafelberg gehört zweifelsohne zu den meistbesuchten Touristenattraktionen in ganz Südafrika.

Robben Island

Robben Island, war schon im 17. Jahrhundert als Gefängnisinsel bestens geeignet. Fluchtversuche galten als nahezu unmöglich, einerseits wegen der ca. 12 km langen Entfernung zur Festlandsküste und andererseits wegen des kalten Wassers durch den Benguela Strom. Vereinzelt auftretende Haie machten eine Flucht auch nicht gerade leichter.
International bekannt wurde Robben Island durch Nelson Mandela, der hier rund zwanzig Jahre in einer Minizelle eingesperrt war.

Nach einem Streik 1971 schafften es die Gefangenen, bessere Bedingungen durchzusetzen. Nelson Mandela nutzte die Erlaubnis, um sich weiter zu bilden und rief auch seine Mitgefangenen dazu auf. 1994 wurde Mandela zum ersten schwarzen Präsidenten Südafrikas gewählt und nahm zehn ehemalige Mitgefangene in seine Regierungsmannschaft mit auf.

Bekanntestes Gefängnis Afrikas

Heute ist die Insel ein Nationaldenkmal und der Gefängniskomplex ein Museum. Die Insel liegt in der Tafelbucht und ist sehr gut vom Tafelberg aus zu sehen. Man kann mit einer regelmäßigen Bootsverbindung auf die Insel fahren und sich ein eigenes Bild von den Gegebenheiten machen, unter denen Nelson Mandela gelebt hatte.

Kirstenbosch - Einer der schönsten botanischen Gärten der Welt

Die Aufgabe des botanischen Gartens Kirstenbosch ist es, die alleinige Pflanzenwelt der Kap Region zu bewahren. Auf dem ganzen Areal gibt es nicht eine Pflanze, die nicht aus der Region stammt. Man schätzt, dass es ca. 7.000 verschiedene Pflanzen der Region gibt. Eine davon ist Südafrikas Nationalpflanze, die Protea.

Der botanische Garten ist etwa 40 Hektar groß und befindet sich zu Füßen des Tafelbergs in einer Höhe von 100 bis über 1.000 Meter. Diese Differenz trägt maßgeblich dazu bei, dass es hier diese Vielfalt von heimischen Pflanzen gibt.

Das gesamte Schutzgebiet des botanischen Gartens erstreckt sich über 600 beeindruckende Hektar. Eine Vielzahl von Wanderwegen führen durch das Gebiet und man kann sowohl bis ins Zentrum der Stadt laufen als auch zum Devil's Peak.

Baumwipfel Pfad

Eine absolute Attraktion ist der im Jahre 2014 geschaffene „Baumwipfel Pfad". Der Weg führt in einer Höhe von 11 Metern über die Wipfel der Bäume. Habe das selber noch nicht gesehen, habe aber Berichte von Freunden gehört, die hell begeistert waren. Man soll einen tollen Blick sowohl auf den Tafelberg als auch auf die Innenstadt haben.

Kapstadt Stadion

Das Cape Town Stadium wurde für die Fußballweltmeisterschaft 2010 in Südafrika gebaut. Im Jahr 2009 wurde es fertiggestellt, nachdem lange daran gezweifelt wurde, ob das je der Fall sein würde. Das Stadion fasst 68.000 Zuschauer und sollte nach der WM auf 55.000 Plätze reduziert werden.
In Kapstadt fanden neben einigen Gruppenspielen auch ein Viertelfinale und ein Halbfinale statt. Das Viertelfinale zwischen Argentinien und Deutschland endete bekanntermaßen mit 0:4 für Deutschland nach einem begeisternden Fußballspiel.

Fußball Stadion nur für die WM

Der jährliche Unterhalt ist mit rund 30 Milllonen Euro recht hoch, zumal die Multifunktionsarena kaum genutzt wird. Stimmen werden immer lauter, die dafür plädieren, das Stadion wieder abzureißen.

Es war übrigens Sepp Blatter, der darauf bestanden hat, dass das Fußballstadion unbedingt zwischen Tafelberg und Atlantik gebaut werden sollte. Die Stadt wollte ursprünglich das Stadion außerhalb der Stadt bauen, neue Gebiete erschließen und die

Infrastruktur verbessern. Blatter jedoch bestand auf den Standort direkt am Meer.

Zugegebenermaßen steht kein anderes Stadion in der Welt an einem so schönen Panorama, wie das in Kapstadt. Die Kosten waren dem FIFA Präsidenten egal. Wo diese Denkweise ihn hingeführt hat, weiß man ja inzwischen.

Meiner Meinung nach ist es eines der schönsten Stadien der Welt. Nun steht es schon einmal, da sollten sich doch auch Möglichkeiten finden, es kostengünstiger zu nutzen.

Wie ich die afrikanische Denkweise inzwischen kenne, halte ich es durchaus für möglich, dass das Stadion nicht wirklich abgerissen, aber deutlich verkleinert wird.

Lions Head

Wenn du jemanden fragst, was oder wo der Lions Head ist oder liegt, bekommst du nur von jemanden eine Antwort, der schon im Südafrikanischen Kapstadt war. Den Tafelberg kennt jeder, den Lions Head kaum jemand.

Die Aussicht ist umwerfend und viele meinen, sie sei besser, als vom Tafelberg.

Der Lions Head ist zwar nur ca. 600 Meter hoch, hat dafür aber eine Rundumsicht. Der Tafelberg, der Lions Head, Signal Hill und Devils Peak sind Berge, die jeder für sich ein paar Besonderheiten aufweisen.

Signal Hill, einer meiner Favoriten, bietet einen Überblick auf Kapstadt, der besonders bei einbrechender Dunkelheit spektakulär ist. Ein weiterer Vorteil für jemanden, der nicht so gerne Berge besteigt, ist, dass man mit dem Auto die Serpentinen hochfahren kann. Aber bleiben wir beim Lions Head.

Von der Spitze des Lion Head hat man einen phänomenalen 360 Grad Rundblick auf die Stadt, Robben Island, das Meer und natürlich auf den Tafelberg.
Der Lions Head in Kapstadt ist der charakteristisch geformte Felsen direkt neben dem Tafelberg.

Bei gutem Wetter kann man vom Gipfel des Lions Head wunderschöne Fotos schießen. Der stellenweise steile Aufstieg zur Bergspitze wird mit diversen Hilfsmitteln wie Seilen, Ketten und Treppen erleichtert. Für den Aufstieg sollte man schon mit anderthalb Stunden rechnen. Man sollte möglichst nicht zu spät am Tag starten, denn die Sonne brennt unbarmherzig.

Blick vom Lions Head

Der Gipfel ist aufgrund der Aufwinde und der nahe gelegenen Strände ein beliebter Platz für Paragliding. Hier gibt es auch die Möglichkeit für Anfänger, mit einem Tandemflug ein einmaliges Erlebnis zu genießen.

Sehr beliebt sind auch Vollmondwanderungen auf den Lions Head. Das ist allerdings mehr ein „Abenteuer“ für etwas geübtere Wanderer, als ich es bin, soll aber sehr viel Spaß machen.

In und um Kapstadt gibt es noch eine Menge zu sehen. Hier einige weitere Tipps, die man je nach Gusto angehen kann.

Einkaufszentrum Canal Walk

Canal Walk Kapstadt

Wer eine Pause von der Besichtigungstour braucht und das Erlebte erst einmal sacken lassen will, ist auf einer Shoppingtour im größten Einkaufszentrum Afrikas, dem Canal Walk in Kapstadt, immer richtig. Besonders beliebt bei den Frauen, aber hier langweilen sich auch Männer nicht.

Constantia

Constantia ist ein südlicher Vorort von Kapstadt. Er ist vor allem durch seine Weingüter bekannt und gilt als exklusives Villenviertel.
Hier der Link zu Wickipedia:
https://afrikaspezialist.com/Constantia

Two Oceans Aquarium

Das Two Ocean Aquarium ist privat betrieben. Seinen Namen hat es aufgrund seiner relativen Nähe zum Kap der Guten Hoffnung, dem Zusammentreffen von Atlantik und dem Indischen Ozean. Es befindet sich im historischen Hafenviertel von Kapstadt, der Waterfront. Hier der Link zu Wickipedia: https://afrikaspezialist.com/two-oceans-aquarium

Helderberg Kapstadt

Die Helderberg Region - herrlich gelegen an der False Bay und eingerahmt von dem Helderberg und den Hottentots Holland Mountains - ist ideal für Naturliebhaber, Badeurlauber, Golfer und für alle, die sich für Wein und gutes Essen interessieren.

Einen Besuch des Helderberg Naturreservats sollte man auf keinen Fall auslassen. Ein Abstecher lohnt sich immer, zumal das nur 400 ha kleine Naturparadies eine interessante Vegetation und eine artenreiche Vogelwelt bietet. Auch von hier ist die Aussicht traumhaft, aber von wo im Raum Kapstadt ist sie das nicht? Hier klicken: https://afrikaspezialist.com/helderberg

Ich könnte noch ewig so weiter schwärmen. Das hat aber keinen Sinn, es bleiben immer nur emotionale Worte. Nur wer einmal da war, kann nachempfinden, was ich meine und warum ich so begeistert bin.

Kapstadt preiswert besuchen:
https://afrikaspezialist.com/kostenlos-reisen

Stellenbosch

Die Universitätsstadt Stellenbosch befindet sich eine knappe Autostunde von Kapstadt entfernt und gehört zu den bedeutendsten Weinbaugebieten Südafrikas.

In den von Eichen gesäumten Straßen der Stadt wechseln sich Cafés, Boutiquen und Kunstgalerien ab. Wie die Kapholländische Architektur erinnern auch die traditionellen Häuser und Gärten im Village Museum an das niederländische Kolonialerbe Südafrikas.

Stellenbosch ist einer der größten Exporteure von erstklassigen Weinen, die aus einer Vielzahl kleiner Weingüter kommen und international einen sehr guten Ruf haben.

Ein Aufenthalt in einem der vielen Restaurants oder Cafés lohnt sich immer. Dort sollte man nicht versäumen, einen der spritzigen Weine mit ein paar „Tapas“ sowie einheimischem Käse, Oliven oder Leckereien von Strauß, Antilope oder diversem Fisch, zu genießen.

Stellenbosch hat eine Vielzahl an Übernachtungsbetrieben, die hervorragend sind und durchaus zu bezahlbaren Bedingungen den Tourismus stärken. Stellenbosch gehört zu den am schnellsten wachsenden Städten Südafrikas.

Von Kapstadt aus ist Stellenbosch sehr gut im Rahmen eines Tagesausflugs zu besuchen. Entweder mit dem eigenen Mietwagen oder als organisierter Tagesausflug mit mehrstündigem Aufenthalt in der Stadt und in aller Regel mit dem Besuch eines Weingutes.

Ein organisierter Besuch ist auf jeden Fall eine gute Variante, will man doch bei dem Besuch in einem Weingut auch den einen oder anderen Tropfen probieren.

Die Kosten einer solchen Tour halten sich mit 50 bis 100 Euro durchaus im Rahmen.

Stellenbosch mit Blick auf den Tafelberg

Der Kruger Nationalpark

Der Kruger Nationalpark ist zweifelsohne der berühmteste Nationalpark der Welt. Eine Fläche von rund 2 Millionen ha, zweitausend Kilometer Straßen und jede Menge Camps und Bungalows ermöglichen einen Besuch nach jedermanns Geschmack.

Der Kruger Nationalpark ist riesig in seinen Ausmaßen. Nördlich von Swasiland, etwa vom Crocodiles River, reicht der Kruger rund 350 km nach Norden, immer entlang der Grenze zu Mosambik im Osten und bis zum Limpopo, dem Grenzfluss nach Simbabwe, im Norden.

Der Krüger Nationalpark ist zweifellos Südafrikas beliebtestes Ziel für eine spannende Tierbeobachtung. Es ist der älteste, größte und am besten etablierte Park. Auf 20.000 Quadratkilometern finden sich viele spektakuläre Wildtiere, unter anderem auch die legendären "Big Five" – Elefant, Nashorn, Büffel, Löwe und Leopard. Auch die Unterkünfte können sich sehen lassen: Man kann zwischen luxuriösem Zeltlager und diversen Lodges wählen.

Der Kruger Nationalpark ist generell ganzjährig sehr gut zu besuchen. In den trockenen Wintermonaten von April bis September ist die Vegetation noch nicht so dicht, sadass man die Tiere sehr gut beobachten kann. Ich persönlich bevorzuge die afrikanischen Sommermonate von Oktober bis März. Erstens gehe ich dem „schmuddeligen" Wetter in Deutschland gerne aus dem Wege und wenn in Afrika nach einem Regen alles wunderbar blüht, bin ich jedes Mal begeistert von der Vielfalt der Blüten und Farben.

Mächtiger Bulle

Natürlich kann man den Kruger Nationalpark auch auf einer Tagesreise erkunden. Jedenfalls einen kleinen Teil davon. Wenn möglich, sollte man sich aber schon ein paar Tage Zeit nehmen, besonders, wenn man die Big Five sehen möchte.

Der frühe Vogel .... sieht das Wild

Wenn man nicht im Park übernachtet, empfiehlt es sich, schon früh am Morgen in den Park zu fahren. Die Zahl der Fahrzeuge, die täglich in den Park gelassen werden, ist begrenzt und an Wochenenden in der Hauptsaison kann es passieren, dass man nicht mehr vorgelassen wird. Ein weiterer Grund dafür ist, dass die Tiere die Mittagshitze in Deckung verbringen und man nicht so viele sieht, wie morgens.
Die Eintrittspreise sind sowohl für Tagesgäste als auch für Übernachtungsgäste gleich. Pro Person und Tag waren etwa 20 Euro zu bezahlen. Das wird sich auch nicht groß geändert haben.

Regeln für Selbstfahrer im Kruger Nationalpark

Wer meine Berichte von Namibia gelesen hat, weiß, dass ich ein begeisterter Selbstfahrer bin. Der Kruger Nationalpark ist ein einziger Traum. Diese Vielzahl an verschiedenen Tierarten und die nahezu garantierten Big Five sind immer ein Höhepunkt.

Sehr stört mich aber, dass alles bis ins Kleinste reglementiert ist. Man darf die Wege und Straßen nicht verlassen und muss sich, wenn interessante Tiere zu sehen sind, „im Stau anstellen."

Ich gebe zu, dass es in einem so großen Nationalpark nicht ohne Regeln gehen kann, auch in Namibia nicht. Dass die Polizei regelmäßig die Geschwindigkeit prüft und sogar blitzt, geht mir dann doch etwas zu weit, wenn es offensichtlich auch nötig zu sein scheint.

Wenn man es sich leisten kann, ist ein Guide immer empfehlenswert. Man ist alleine im Auto und der Guide darf sich auch abseits der Wege bewegen. Hinzu kommt, dass er mit Sicherheit alle Stellen kennt, wo man die „Big Five“ sehen kann. Genau genommen sind diese überschaubaren Kosten gut angelegt.

Verkehrsstau

Ich habe keine Ahnung, ob die Besucher im Kruger Nationalpark anders sind, als in Namibia. Ich wundere mich nur, dass es etliche Gäste gibt, die vergessen, dass sie nicht in einem Zoo sind. Wenn
Leute mit fuchtelnden Armen und dem halben Körper aus dem Auto hängend auf der Strasse sind, ist das lebensgefährlich. Auch klatschen oder rufen, um die Aufmerksamkeit der Tiere zu erlangen, ist absolut verboten. Traurig ist nur, dass man darauf hinweisen muss.

Das hier ist kein Zoo, sondern Afrika pur!

Ich habe gelesen, dass schon öfters Tiere erschossen werden mussten, weil sie Verhaltensauffälligkeiten gegenüber Menschen gezeigt haben. Das Füttern und Anlocken von Tieren ist absolut verboten. Die Tiere lernen schnell und die Assoziation von Menschen als Futterlieferanten ist für die Tiere fix hergestellt.

So, jetzt aber Schluss mit der Meckerei. Ich möchte auf keinen Fall den Eindruck erwecken, als sei der Kruger Nationalpark nicht ein absolut sehenswerter Höhepunkt Südafrikas.

Dieses Bild habe ich im Internet gefunden. Da kann dem Insassen schon anders werden. Meist geht aber alles gut.

Bei der Dichte der Population ist darauf zu achten, dass Tiere immer Vorfahrt haben. Sich mit einem Elefanten „anzulegen“ ist keine gute Idee. Es kann durchaus sein, dass Elefanten Mütter oder junge Elefantenbullen sich für das Fahrzeug „interessieren“. Hier ist als Selbstfahrer äußerste Vorsicht geboten. Man merkt sehr schnell, wenn man den Tieren zu nahe kommt. Sie werden unruhig und machen unter Umständen Scheinangriffe auf das Auto. Spätestens jetzt wird es Zeit, den Rückwärtsgang einzulegen.

Ein Game Drive mit Guide

Neulingen würde ich immer raten, sich mit einem erfahrenen Ranger auf Game Drives zu begeben. Die Ranger wissen in der Regel genau, wo welche Tiere sich gerade aufhalten und was nicht zu unterschätzen ist: Die Geländewagen sind recht hoch, so dass man einen guten Überblick über das Gelände bekommt und auch noch Tiere sehen kann, wenn das Gras höher ist.

Game drive mit Kindern

Wenn man sich auf eigene Faust im Kruger Nationalpark bewegt, sieht man auch schnell eine große Zahl unterschiedlichster Tiere. Antilopen, Giraffen, Zebras, Gnus und natürlich Elefanten begegnen einem fast überall.

Auch Löwen, manchmal in ganzen Rudeln, liegen faul unter Bäumen im Schatten. Morgens, wenn es noch nicht so heiß ist, begegnen sie einem auch auf Straßen und Wegen. Es lohnt sich auch, mal den Blick nach oben zu richten. Leoparden lieben es, in den Astgabeln höherer Bäume den Tag zu verbringen.

Ich erinnere mich noch gut an meine ersten Afrikareisen. Trotz deutlicher Hinweise habe ich oft Tiere selbst in geringer Entfernung nicht gesehen. Die Mimikry, also die Anpassung der Tiere an den Hintergrund, ist absolut erstaunlich. Aber schon nach recht kurzer Zeit hat sich das Auge der Umgebung angepasst und man wird erstaunt feststellen, dass selbst an den ungewöhnlichsten Orten Überraschungen lauern können.

Siesta

Jede Safari hat ihre eigenen Gesetze. Selbst wenn man mehrmals auf Safari geht, wird man immer neue Eindrücke gewinnen. Keine Safari gleicht der anderen.

Wenn du in den Kruger Nationalpark einfährst, lasse dir einen kostenlosen Visitors Guide geben. Dort sind detailliert Straßenkarten und Einrichtungen mit genauen Entfernungsangaben aufgeführt.

Von Interesse könnte auch die Aufstellung nahezu aller Tierarten sein, die im Park vorkommen. Auch alle Restcamps sind aufgeführt.

Es gibt auch eine App, die mir eine große Hilfe ist. Ich hatte das vorher noch nicht.

Hier kannst du dir die nützliche App herunterladen. https://afrikaspezialist.com/app

Unterkünfte

Im Krüger Nationalpark gibt es einige Möglichkeiten, zu übernachten. Vom Zelt bis zum absoluten Luxus ist alles dabei. Natürlich bietet es sich an, sich zumindest in der Hochsaison einen Platz rechtzeitig zu reservieren. Eine Übernachtung innerhalb des Camps hat natürlich den Vorteil, flexibel zu sein.

Luxus pur

Alleine oder mit Guides den ganzen Tag, unabhängig von Öffnungszeiten, unterwegs sein zu können, hat natürlich was. Game Drives am Abend oder in der Nacht, sind ein ganz besonderer Höhepunkt.

Mit einem Guide nachts unterwegs zu sein, ist eine aufregende Sache. Man sieht kaum etwas, außerhalb der Fahrzeuglampen, ist verunsichert, überall die unterschiedlichsten Geräusche und dann schließlich, ein tiefes, geradezu beängstigendes Grollen.

Man kann dieses Geräusch von jedem anderen unterscheiden. Es gibt nichts, das auch nur eine annähernde Wirkung hat. Die Luft vibriert, das Herz rast, man sieht nichts, was das Geräusch verursacht haben könnte. Dann flüstert der Guide, es seien mehrere Löwen, die näherkommen. Und tatsächlich - ein ganzes Rudel mit mehreren Jungen taucht im Scheinwerferlicht auf. Sie sind völlig entspannt und nehmen keinerlei Notiz von uns.

Es gibt kein Geräusch, das dem des Löwengebrülls ähnlich ist. Es ist ein unglaubliches Erlebnis, einem ausgewachsenen Löwen in solcher Nähe zu begegnen. Die Tiere im Zoo wirken geradezu klein dagegen. Einem ausgewachsenen Löwen in der Wildnis in nur zwei Meter Entfernung zu begegnen, ist unvergleichlich. Da merkt man erst, wie geradezu riesig der Kopf eines alten Mähnenlöwen ist.

Ein Pascha, und er weiß das.

Im Krüger Nationalpark sind für vergleichsweise kleines Geld große, tierische Entdeckungen möglich. Die Safaris im Krüger

Nationalpark sind vor allem für Familien, Afrika-Neulinge und Einsteiger eine tolle Gelegenheit, die atemberaubende Tierwelt näher kennenzulernen.
Ein Erlebnis, das man sich nicht entgehen lassen sollte.

Und du, lieber Ralf, hast feststellen können, dass die beste Beschreibung nicht annähernd an die Wirklichkeit heranreicht. Die ist nämlich tausendmal schöner.

Kapstadts Hafen

Der Hafen von Kapstadt wurde von der Niederländischen Ostindien-Kompanie im Jahr 1652 gegründet. Die Bucht eignete sich als Ankerplatz, wenn er auch nie als idealer Hafen galt. Die Stürme und zerstörerischen Winde, die über das Kap tosten, hatten zahlreiche Schiffe an Land geworfen. Das erste geschützte Hafenbecken wurde erst im Jahr 1870 in Betrieb genommen.
Heute legen die großen Kreuzfahrtschiffe in dem riesigen Hafenbecken an. Überall zwischen den Schiffen auf den Pontons sieht man Robben in der Sonne liegen.

Am Kai liegen neben Fischerbooten viele Ausflugsboote, welche Touren sowohl im Hafengebiet als auch in der Table Bay anbieten. Empfehlenswert sind die Katamaran Boote und die Segelschiffe. Eine Tour zum Sonnenuntergang mit einem grandiosen Blick auf den Tafelberg ist ein unvergessliches Erlebnis.

Kapstadt und der Tafelberg sind und bleiben als Reiseerinnerungen unvergesslich.

Kimberley, die Diamanten Hauptstadt

Wenn man Besonderheiten im Südafrikanischen Binnenland entdecken will, darf ein Besuch in Kimberley nicht fehlen. Kimberley liegt rund 500 km südwestlich von Johannesburg oder von Kapstadt kommend, entlang der Garden Route bis Port Elizabeth, liegt Kimberley genau nördlich davon.
Kimberley ist die Hauptstadt der Provinz North Cape und ist die mit Abstand größte Stadt der Region. Kimberley gilt als die Diamantenhauptstadt, seit im Jahre 1866 ein Bauernjunge auf dem Feld in der Nähe des vielsagenden Dorfs Hopetown einen schönen großen glitzernden Stein gefunden hatte. Der clevere Bauer Schalk van Niekerk erwarb den „Kiesel" für wenige Cent. Der Diamant von über 20 Karat wurde später „Eureka" genannt und ist heute in einem Safe des Parlamentsgebäudes der Stadt Kapstadt hinterlegt.

Stern Südafrikas

Schon wenige Jahre später kaufte der listige Bauer einen viermal so großen Diamanten. Zwar musste er dieses Mal seine Farm veräußern, aber das Geld war mehr als gut angelegt. Wunderbar geschliffen wurde der millionenschwere Stein bekannt als „Stern

Südafrikas".
Danach war es mit der Ruhe vorbei und schon wenige Jahre später war das südafrikanische Kimberley die Welthauptstadt der Diamanten, nachdem man nahe der heutigen Stadt weitere Diamanten entdeckte.
Die Diamanten wurden von hunderten Diamantensuchern in einzelnen Claims im Tagebau abgebaut und in nur wenigen Monaten wuchs die Stadt auf über 30.000 Einwohner. Der Reichtum der Stadt sorgte bald dafür, dass die erste elektrische Straßenbeleuchtung und die erste Börse Südafrikas gegründet wurde.
Schon bald machten sich erste Schwierigkeiten bemerkbar. Je tiefer der Tagebau vorangetrieben wurde, desto teurer und vor allem gefährlicher wurde das Schürfen. Hinzu kam, dass es zu einer Finanzkrise und zu einem Preisverfall von Diamanten kam. Hunderte der Glücksritter verließen die Grabungsstätten und versuchten ihr Glück woanders. Nur wenige glaubten daran, dass in tieferen Schichten noch Diamanten gefunden würden.

T he Big Hole

Cecil Rhodes, der spätere Gründer von Rhodesien, dem heutigen Simbabwe, der sich seit Jahren mit dem Handel von Diamanten beschäftigt hatte, kaufte die nun wenig ertragreiche Mine auf und gründete die Firma De Beers, die er nach dem ersten Eigentümer der Farm benannte. De Beers kontrolliert den Diamanten Weltmarkt noch heute.

Nachdem er dann noch seinen größten Konkurrenten Barnato aufgekauft hatte, wurde der Abbau der Diamanten im Untertagebau fortgesetzt.

Sein guter Riecher gepaart mit viel Geld und Mut, machten De Beers zum größten Diamantenproduzenten der Welt. Immerhin hatte er im Jahr 1880 fast 6 Millionen Pfund investiert und das in einer Zeit, wo Geld noch sehr viel mehr Wert war, als heute. Er hatte auch früh erkannt, dass um die funkelnden Steine eine Legende gewoben werden muss, um sie möglichst teuer verkaufen zu können. Auch künstliche Verknappung gehörte zu seinen Verkaufspraktiken und das bis heute mit Erfolg.
Heute verkauft De Beers nur noch Diamanten aus eigenen Minen in Südafrika, Botswana und Namibia. Die nach wie vor bekannteste Mine ist das Big Hole in Kimberley.

The Big Hole

Ein Zwischenstopp in Kimberley ist absolut lohnenswert. Viele der historischen Gebäude, einige der Minen und natürlich das Big Hole, das angeblich größte von Menschenhand geschaffene Loch, sind mehr als beeindruckend.

Das Loch hat eine Fläche von 17 ha, einen Umfang von 1,6 km und einen Durchmesser von 460 m. Von 1871 bis zur Einstellung des Abbaus 1914 wurden 22,5 Millionen Tonnen Gestein ausgehoben und das alles mit Hacke und Schaufel. Die im gleichen Zeitraum zutage gebrachte Menge an Diamanten betrug

2.722 kg bzw. 14,5 Millionen Karat. Absolut beeindruckende Zahlen.

Das insgesamt noch 240 Meter tiefe Loch ist zum Teil mit Grundwasser gefüllt und der Wasserspiegel liegt in „nur“ 175 Meter Tiefe.

Insgesamt wurde untertags der Abbau bis in die Tiefe von 1.100 Metern vorangetrieben.

The Big Hole liegt mitten in der Stadt und ist einerseits wegen der riesigen Dimensionen und andererseits wegen des Bergbau- und Freiluftmuseums am Rande des Big Hole sehenswert. Außerdem verkehrt zwischen der Stadthalle und dem Museum der Nachbau einer historischen Straßenbahn.

Das Museum ist kein Museum im eigentlichen Sinne, sondern eine kleine Stadt aus der Zeit des Diamantenfiebers mit Originalbauten. Besucher können auch heute noch eine Lizenz für das Schürfen in der alten Mine erwerben. Große Funde sind allerdings nicht zu erwarten. Es macht aber viel Spaß und wer weiß…

Big Hole

Ob Big Hole nun das Größte Loch ist oder Bloemfontein ein paar Meter breiter oder tiefen ist, spielt eigentlich keine Rolle. Das „große Loch“ ist einfach unglaublich. Kein Foto oder Bericht kann auch nur annähernd die Dimensionen beschreiben, die das ehemalige Abbaugebiet einnimmt. Die Farbe des Wassers auf dem Grund des Loches wechselt je nach Tageslicht zwischen verschiedenen Blautönen und Türkis.

The Big Hole ist ungefähr so groß wie 24 Fußballfelder. Daher wundert es kaum, dass es mittlerweile zu den spektakulärsten Ausflugszielen Südafrikas gehört. Jedes Jahr zieht es Tausende Menschen hierher, die einen Blick in den Abgrund riskieren wollen.

Wenn man auf die Karte schaut, findet man Kimberley im Nordosten der großen Kap-Provinz, nur wenige Kilometer vom Oranje-Freistaat entfernt. Das hat durchaus seinen Grund. Als die Regierung in Kapstadt von den erheblichen Diamantenfunden erfuhr, wurde schnell der Grenzverlauf korrigiert, um so den unerwarteten Reichtum für sich beanspruchen zu können.

"Honni soit qui mal y pense"

Das war die Inschrift auf dem englischen Hosenbandorden, der als bedeutendster Orden des englischen Königshauses galt. Er bedeutet auf Deutsch in etwa: „Ein Schelm oder Schuft, wer Böses dabei denkt.“ oder “Beschämt sei, wer schlecht darüber denkt”.

Ein Naturreservat mitten in Bloemfontein

Wenn man schon in Kimberley ist, bietet sich eine Weiterfahrt nach Bloemfontein, der Hauptstadt des Oranje-Freistaates, an.

Gerade einmal eine gute Stunde von Kimberley in östlicher Richtung entfernt liegt Bloemfontein, die historische, reizvolle aber konservative Landesmitte. **Bloemfontein**, oder auf Deutsch "die Blumenquelle", wird auch die Stadt der Rosen genannt.

Der kann einem mitten in der Stadt begegnen!

Eine weitere Besonderheit ist, dass Bloemfontein wohl die einzige Stadt sein dürfte, deren Zentrum aus einem ausgedehnten Naturreservat mit freilebenden Tieren besteht. Einfach faszinierend. Bloemfontein wird auch die Stadt der Geparden genannt.
Die ganze Geschichte der Buren kannst du hier bei Wikipedia nachlesen.

Historische Gebäude prägen die Stadt

Prächtige historische Häuser prägen das Stadtbild. Man errichtete verschiedene Verwaltungsgebäude und noch heute prägen die vielen gut erhaltenen historischen Bauten das Gesicht der Stadt. Wenn man durch die Straßen flaniert, glaubt man sich in die Zeit Ende des 18. Jahrhundert versetzt. Wenn eine „Pickelhaube" um die Ecke käme, würde man sich nicht wundern.

Universität in Bloemfontein

Bloemfontein zählt heute rund 400.000 Einwohner. Neben der Funktion als Provinzhauptstadt spielt Bloemfontein noch eine wichtige Rolle als dritte Hauptstadt Südafrikas, denn hier hat das "Supreme Court", das oberste südafrikanische Gericht, seinen Sitz.

Gästefarmen und Parks bieten viele Aktivitäten.

Rund um Bloemfontein gibt es neben den großen Hotels der bekannten Hotelketten auch eine Reihe interessanter Gästefarmen, die zum Aufenthalt einladen. Dort kann man nicht nur den Farmern bei der Arbeit zusehen, sondern auch wandern, reiten oder angeln.

Einige besonders Ziele sind eine Reihe sehr schön angelegter Parks. Hier sticht besonders der Kings Park mit vielen tausend Rosensträuchern und einem idyllischen See heraus. Der mehrere Hektar große botanische Garten zeigt eine beeindruckende Orchideen-Sammlung. Eine ehemalige Sternwarte wurde in ein Theater umgewandelt. In einigen Kilometern Entfernung gibt es eine große Zahl weiterer Sehenswürdigkeiten.

Toller Blick

Der Oranje-Freistaat war einst eine unabhängige Burenrepublik im südlichen Afrika, die in der zweiten Hälfte des 19. Jahrhunderts existierte. Der Oranje-Freistaat verlor seine Unabhängigkeit infolge der Burenkriege.

Grund für den Burenkrieg war ein Konflikt zwischen Großbritannien, der Burenrepublik Oranje Freistaat und Transvaal. Der Zwist endete mit der Eingliederung in das britische Imperium, was den Buren verständlicherweise gar nicht passte. Großbritannien wollte sich die Bodenschätze sichern und die Buren wollten sich bezüglich des Umgangs mit der schwarzen Bevölkerung nicht reinreden lassen.

Das Gebiet des damaligen Oranje-Freistaates erhielt 1910 seinen Namen zurück, bildet aber seither eine südafrikanische Provinz.

Farmland

Einst unabhängige Burenrepublik

Nachdem die Briten den Buren, Nachfahren niederländischer, französischer und deutscher Siedler, die Sklaverei verboten hatten, wanderten die Bauern oder Voortrekker wie sie genannt wurden, aus und wandten sich nach Norden. Die Sklaverei war eine der wirtschaftlichen Grundlagen ihrer Landwirtschaft, die vorwiegend auf dem Anbau von Weizen und Mais basierte. In Pretoria gibt es ein sehenswertes Voortrekker-Denkmal.

Das Denkmal ist ein Monument mit über 40 Metern Höhe, das die Geschichte des großen Trecks zeigt.

Der Geist der Apartheid lebt

Viele Buren trauern den „freien" Tagen auch heute noch immer nach und akzeptieren Schwarze bestenfalls als Handlanger oder billige Arbeitskräfte.

In den ländlichen Gebieten der nördlichen Kap Provinz und in Osttransvaal leben noch sehr viel „Gestrige", die dem Ende der Apartheid nachtrauern bzw. sie noch heute praktizieren.

Landwirtschaft ist möglich

Bei geradezu idealen Voraussetzungen für die Landwirtschaft, produzieren über 30.000 Farmer mehr als 70% der südafrikanischen Landwirtschaftsprodukte. Hinzu kommt, dass in dem gleichen Gebiet einige der reichsten Gold- und Diamantenvorkommen der Welt liegen.
Bodenschätze im wahrsten Sinne des Wortes.

Das Bild oben könnte auch in Europa aufgenommen worden sein. Das Gebiet wird auch die Schweiz Afrikas genannt. Wie wahr.
Ein Abstecher in den Oranje Freistaat, der sich lohnt.

Lesotho, das unbekannte Königreich

Lesotho ist nicht gerade ein afrikanisches Land, das vom Massentourismus überlaufen wäre. Für Insider jedoch ist Lesotho ein erstklassiges Ziel.

Ein wirklich kleiner Staat innerhalb Südafrikas ist das Königreich Lesotho. Es grenzt unmittelbar an den Oranje-Freistaat und ist rundum von Südafrika „eingeschlossen“.
Das nur 30.000 Quadratkilometer kleine Land gilt als die Schweiz Afrikas. Es ist etwa so groß wie Belgien oder wie Berlin und Brandenburg zusammen.

Lesotho ist wie gesagt nicht gerade von Touristen überlaufen. Die wenigen, die hierherkommen, sind Abenteurer, Wanderer und Menschen, die die Natur in ihrer Abgeschiedenheit suchen und lieben. Sie haben ganz bestimmte Vorstellungen und Ziele. Hinzu kommt, dass viele der Sehenswürdigkeiten in der zerklüfteten Hochgebirgslandschaft oft nur zu Fuß oder auf dem Rücken von Eseln oder Ponys zu erreichen sind.

Maseru, Hauptstadt des Landes

Ehemalige Handelsstation ist Wirtschaftszentrum des Landes

Die Hauptstadt Maseru mit immerhin ca. 200.000 Einwohnern ist Dreh- und Angelpunkt des Landes. Eine recht moderne Stadt die gleichzeitig auch das Wirtschaftszentrum des Landes ist und in der nahezu alle Fernstraßen des Landes zusammenlaufen.

Mehr als 90% des Landes liegen in einer Höhe von um die 3.000 Metern. Ein wild zerklüftetes Plateau, das sich über das umgebende Farmland erhebt. Im Osten sind die wohl höchsten und schönsten Berge, die Drakensberge, eine natürliche Grenze.

Lesotho hat zu seinem einzigen Nachbarn eine gemeinsame Grenze von über 1.000 km.

Die „Lowlands" liegen in einer Höhe von ca. 1.500 Meter und sind am dichtesten besiedelt. Die Landschaft ist „wildromantisch" und von Flusstälern und Tafelbergen geprägt.

Die Schweiz Afrikas

Die Schweiz Afrikas

Lesotho wird auch als die Schweiz Afrikas bezeichnet. Aber wer will schon die Schweiz, wenn er nach Afrika reist? Nicht ganz richtig.

Wenn man im Landesinneren von Südafrika unterwegs ist, lohnt sich ein Trip nach Lesotho durchaus. Das Königreich lockt mit grandioser Natur. Einige der Touristen kommen nach Lesotho, um zu Fuß, auf Eseln oder mit Mountain Bikes das Land zu erkunden.

Hier gehört aber schon eine ganze Portion Kondition dazu, um die teils recht anstrengenden Wege zu bewältigen. Belohnt wird man allerdings reichlich mit einer traumhaft schönen Natur und sagenhaften Ausblicken auf himmelhohe Pässe, tiefe Schluchten und romantische Wasserfälle.

Im Gegensatz zu den „Lowlands" liegen die „Highlands" im Osten in deutlich über 2.000 Metern Höhe.
Die Highlands sind durch tiefe Flusstäler geprägt, die sich im Laufe der Jahrtausende durch die zahlreichen Berge und Bergketten gefressen haben.

Eine Autofahrt nur für wirklich geübte Geländefahrer

Außer einer wunderschönen Landschaft hat Lesotho kaum etwas zu bieten. Nicht einmal Großwild kommt auf dieser Höhe vor. Dafür gibt es eine Fülle schönster Wanderwege mit atemberaubenden Ausblicken.

Es gilt jedoch zu beachten, dass im Sommer viele Wege wegen Regens selbst mit Allrad Fahrzeugen nicht zu passieren sind. Im Winter kann es durchaus sein, dass es schneit und man nicht weiterkommt.

Einigermaßen sichere Wetterbedingungen hat man zwischen August und Oktober mit fast garantiert tiefblauem Himmel.

Lesothos Bergwelt

Canyons, Schluchten, Pässe und Wasserfälle

Wenn man von der Hauptstadt aus in Richtung Norden fährt, kommt man über Teyateyaneng und Hlotse-Leribe nach Butha Buthe. Eine Fahrt mit Blick auf bizarre Sandsteinformationen. Für die ca. 120 km lange Strecke muss man genügend Zeit einplanen. Ganz besonders, wenn man südlich von Butha-Buthe den Tsehlanyane Nationalpark mit seiner beeindruckenden Pflanzenvielfalt besuchen möchte.

Du siehst, schon alleine die Namen sind für uns völlig fremd und ungewohnt. Die Aussprache der Namen ist für unsere Zungen kaum möglich und wenn, dann stimmt die Betonung nicht. Dafür sind die Menschen außerordentlich freundlich und hilfsbereit.

Wirklich sehenswert ist auch ein Besuch des Marktes in Butha-Buthe, der eine Fülle lokaler Produkte anbietet. Etwas weiter nördlich liegt die Liphofung Cultural Site mit einer Ausstellung über die Geschichte der San und Höhlen mit herausragenden Felszeichnungen.

Der Tiaeng Pass

Ein frisches Bier in fast 3.000 Metern Höhe

Über den 3.300 m hohen Tiaeng Pass erreicht man Mokhotlong. Ab hier kommt man nur mit einem 4x4 Fahrzeug auf abenteuerlichen Straßen weiter.

Ein besonderer Ort ist der Sani Pass. Hier befindet sich die höchstgelegene Kneipe Afrikas in 2.900 m Höhe gelegen.
Die urige Kneipe verfügt über eine bestens ausgestattete Bar, eine gute Küche und ein frisch gezapftes Bier vom Fass.
Als Draufgabe bekommt man einen atemberaubenden Blick über die Provinz Kwa-Zulu/Natal.
Wer unbedingt will, kann sein Glück versuchen.

Natürlich darf man das Glücksspiel-Paradies Lesotho nicht unerwähnt lassen. Es ist bei Weitem kein „Klein Las Vegas“, wie es oft genannt wird, aber immerhin gibt es in einigen der großen Hotels Spielsäle mit der Möglichkeit, sein Geld loszuwerden.

Handelsware Wasser

Von den wenigen Touristen und den geringen Gold- und Diamantenfunden kann Lesotho nicht leben. Aber Lesotho hat etwas, was in Afrika mit Gold aufgewogen wird: Wasser.
In Lesotho entspringen die beiden bedeutendsten südafrikanischen Flüsse. Der Oranje und der Caladon.

Wasser im Überfluss

Die Flüsse haben in dem weichen Sandstein im Laufe der Jahrhunderte tiefe Canyons gebildet. Der Maletsunyane Wasserfall bei Semonkong ist mit seiner Fallhöhe von über 190 Metern der höchste ununterbrochene Wasserfall im südlichen Afrika.

Ein Abkommen zwischen Lesotho und Südafrika sieht vor, dass mehrere Talsperren gebaut werden und das Wasser nach Südafrika „geliefert" wird. Die Haupt Wassermenge soll in den Raum Johannesburg transportiert werden. Von den sechs geplanten Talsperren sind zwei im Bau bzw. schon fertig. Das Projekt ist international mehr als umstritten. Das umgeleitete Wasser soll auch noch der Energiegewinnung dienen. Großes Interesse ist auch von Botswana bekundet worden.

Für Unruhe sorgt auch, dass groß geplante Umsiedlungen nötig sind, um die Talsperren bauen zu können. Bei den bisherigen fertig gestellten Projekten sind noch keine Abfindungen gezahlt worden, obwohl Lesotho durch die eine fertig gestellte Talsperre monatliche Einnahmen von ca. 2 Millionen Euro generiert.

Katse Talsperre Lesotho

Der Wasserbedarf in Südafrika ist im wahrsten Sinn des Wortes ein Fass ohne Boden.

Wurden noch im Jahr 1990 ca. 22 Milliarden Kubikmeter Wasser benötigt, werden es in wenigen Jahren ca. 30 Milliarden Kubikmeter sein.

Wasserverschwendung in großem Stil

Die Steigerung des Bedarfs beruht aber nicht nur auf dem notwendigen Wasserbedarf, sondern auch auf reiner Verschwendung. In den wohlhabenden Vororten von Johannesburg oder Pretoria werden häufig die Swimmingpools neu befüllt, um „sie abzukühlen". In etlichen Straßencafés werden Wassersprühanlagen eingesetzt, um die Hitze auf den Terrassen erträglicher zu machen. Die Leitungen weisen Lecks auf, aus denen große Mengen wertvollen Trinkwassers verloren gehen.

Es ist in Afrika also nicht anders, als sonstwo auf der Welt.

Wenn es dich interessiert, wie ich meine vielen Afrikareisen finanziere, sieh dir doch den kleinen Film an, den ich angehängt habe.
https://afrikaspezialist.com/reisen-kostenlos

Sambesi, vom Rinnsal zum Strom.

Der Sambesi, oder Zambesi, ist der viertgrößte Fluss Afrikas. Wenn man das unscheinbare Loch an der Quelle mit der kleinen Pfütze Wasser sieht, kann man kaum glauben, dass dieses Rinnsal einmal zum viertgrößten Fluss in Afrika werden würde. Auffallend ist, dass sich die Quelle schon nach wenigen Metern zu einem Bach mausert und dann schnell zu einem Flüsschen anschwillt. Die Quelle liegt direkt an einer Wasserscheide, sodass alles Wasser hier zusammenfließt.

Sambesi Quelle

Zu der Quelle in Sambia, nahe der Grenze zur Demokratischen Republik Kongo verirren sich nur wenige Menschen. Mal ehrlich, wer sollte sich schon hierher verirren? Ich gebe zu, auch ich war nie in der Nähe des Quellgebietes, obwohl mich der Sambesi immer fasziniert hat und ich ein ganzes Stück recht gut zu kennen glaube.

Auf seinem Weg von der Quelle in Sambia bis zum Indischen Ozean legt der Fluss fast 3.000 km zurück.
Eine der schönsten Abschnitte sind zweifellos die Viktoria Fälle, wo sich der Sambesi ca. 110 Meter in die Tiefe stürzt.
Auf seinem Weg kommt der Sambesi durch Sambia, Angola und Mosambik. Der Fluss ist auch noch Grenzfluss zwischen Sambia und Namibia, sowie zwischen Simbabwe und Sambia.

Ein Besuch der wohl berühmtesten Fällen Afrikas lohnt sich immer, besonders, wenn er nichts kostet.

https://afrikaspezialist.com/kostenlos-reisen

Sambesi verbindet deutsche Kolonien

Am östlichen Ende des Caprivi Zipfels, der heutigen Sambesi Region, fließt der Sambesi ein Stück als Grenzfluss zwischen Sambia und Namibia bis nahe den Viktoria Fällen.
Als im Jahr 1890 der Sansibar Vertrag unterzeichnet wurde, verzichtete das Deutsche Reich auf Sansibar und erhielt im Gegenzug die Insel Helgoland von den Engländern und den Caprivi Zipfel als Tausch.

Der einzige Grund, den Caprivi Zipfel für Deutsch-Südwestafrika zu sichern, war, einen Zugang zum Sambesi zu erhalten, um eine Verbindung zu Deutsch-Ostafrika zu ermöglichen.

Abfluss der Viktoria Fälle

Auf seinem Weg zum Indischen Ozean fließt der Sambesi durch Gebirge, Moorlandschaften, Regenwälder und Savannen, bevor er in Mosambik in einem riesigen Delta in den Indischen Ozean mündet.

Vierzig Millionen Menschen sind vom Sambesi abhängig.

In seinem Einzugsgebiet leben mehr als 40 Millionen Menschen. Sein Fischreichtum versorgt mehr als fünfzig Völker und sein Wasserweg verbindet sechs Länder miteinander. Unzählige Tierarten leben an seinem Ufer und in seinem Wasser gibt es zehntausende Welse auf der Jagd nach kleineren Fischen, die wiederum von unzähligen hungrigen Krokodilen gejagt werden. Kaum eine Region ist so vielfältig wie das Einzugsgebiet des Sambesi und https://afrikaspezialist.com/reisen-kostenlos

Krokodil am Sambesi

Nahe der Bezirkshauptstadt Mongu erreicht der Sambesi eine sandige Ebene, auf der sich der Fluss ungehindert ausbreiten kann. Der Sambesi fließt normalerweise einige Kilometer an Mongu vorbei, ist aber durch einen Kanal mit der Stadt verbunden. Ergiebige Regenfälle setzen das Gebiet regelmäßig unter Wasser, sodass die Wassermassen bis unmittelbar an die Stadt heranreichen.

Bootstouren, wirkliche Highlights für jeden Besucher

Oberhalb der Victoria Fälle ist der Sambesi durch den Zufluss des Chobe, der hier noch Cuando heißt, ca. 2 km breit und ideal für geführte Bootstouren geeignet. Ab hier wendet sich der Strom exakt nach Osten. Hier kann man ohne Gefahr eine Vielzahl wilder Tiere und eine einzigartige Natur beobachten.

Der Fluss ist hier sehr breit und flach und wegen fehlendem Gefälle sehr langsam. Etwas später geht der Fluss in das afrikanische Zentralplateau über, wo er dann eine Schlucht erreicht, die in den Victoria Falls endet.

Die alten Wanderwege der Elefanten sollen geschützt bleiben

In diesem Bereich der beiden Flüsse liegen auf engstem Raum mehrere Nationalparks. Sicher zu den Highlights gehören der Chobe Nationalpark in Botswana und der Sambesi Nationalpark in Simbabwe. Viele weitere Parks gehören zum riesigen KAZA Schutzgebiet, dem Kavango-Zambezi Schutzgebiet, mit dem sich fünf Länder zu einem Grenzübergreifenden Projekt geeinigt haben, die uralten Wanderwege der Elefantenherden frei zu halten und nicht zu behindern.
Der Chobe Nationalpark ist besonders durch seine riesigen Elefanten- und Kaffernbüffel-Herden bekannt und
https://afrikaspezialist.com/kostenlos-reisen

Elefanten am Chobe

Die Victoria Falls sind natürlich ein absoluter Höhepunkt auf der Sambesi Tour

Wenn sich die Wassermassen über mehrere Kilometer Breite ca. 110 Meter in die Tiefe stürzen, bekommt man den Mund vor Staunen nicht mehr zu.

Im Jahr 1855 stieß der britische Abenteurer David Livingstone auf die Victoria Fälle, nachdem er den Sambesi stromaufwärts gereist war. Für ihn war der Sambesi der „Highway Gottes". Allerdings war es ihm unmöglich, den Fluss weiter aufwärts zu ziehen.
Hier der Link eines früheren Berichts über die Viktoria Fälle
https://afrikaspezialist.com/gefahren

Vic Falls

Die Viktoria Fälle - unbeschreiblich schön

Die Victoria Fälle sind eine natürliche Grenze zwischen dem Oberlauf und dem Mittellauf des Sambesi. Der weitere Verlauf nach den Wasserfällen ist ebenso beeindruckend, wie die Fälle selber. Der Fluss zwängt sich durch senkrechte Basaltwände, die bis zu 250 Meter hoch sind. Die Geschwindigkeit der Strömung ist entsprechend schnell und durch die vielen Stromschnellen galten die Steilhänge als unüberwindlich. Erst der Bau diverser Brücken und Talsperren änderten das.
Der Kariba Stausee gehört mit seiner Länge von 280 km und einer Breite von 18 km zu den größten künstlichen Seen der Erde. Als der Stausee gefüllt wurde, mussten Zehntausende Menschen und unzählige Großtiere umgesiedelt werden. Das Wasserkraftwerk liefert Strom für Sambia und Simbabwe.

Nyaminyami wird sich fürchterlich rächen

Hauptbetroffen war der Stamm der Tongas. Die Tonga wurden aus ihren Hütten vertrieben. Jahrhunderte alte Bäume wurden abgeholzt. Sie zogen in höher gelegene Gebiete, denn sie glaubten fest daran, dass Nyaminyami sich rächen würde. Niemals würde der Gott des Sambesi es zulassen, dass Fremde seinen Flusslauf verändern. Und ebenso fest glaubten sie daran, dass der Wassergott sie weiterhin beschützen würde.

Die Tongas sind davon überzeugt, dass Nyaminyami ihnen das Land zurückgeben wird.

Als sich während des Baus 1957 eine der schlimmsten Überschwemmungen des Sambesi zutrug, war das für die Tonga eine Bestärkung ihres Glaubens. Niemand anderes als Nyaminyami konnte die Überschwemmungen verursacht haben. Denn so lange sie sich erinnern konnten, hatten sie niemals zuvor ähnlich verheerende Zerstörungen erlebt. Viele Arbeiter ertranken und wurden mit den Fluten mitgerissen. Auch zahlreiches Baugerät verschwand für immer in den Fluten. Ein Jahr später, riss eine noch größere Flut alles mit, was nicht niet- und nagelfest war. Zwei „Sintfluten“ hintereinander, das gab es noch nie.

Ist der Kariba-Damm sicher?

Neueste Untersuchungen zeigen, dass sich der Damm als erschreckend brüchig erweist. Sollte der Damm tatsächlich in naher Zukunft nachgeben, was zahlreiche Experten vermuten, würden bestenfalls 40 Prozent der Stromversorgung des südlichen Afrikas wegfallen, schlimmstenfalls 3.5 Millionen Menschen ihr Leben verlieren. Durch den Bruch der Dammmauer würden auf einen Schlag 181 Milliarden Kubikmeter Wasser freigesetzt. Wenige Stunden später würde diese Riesenwelle des Sambesis flussabwärts mit voller Wucht auf den Cahora Bassa Staudamm in Zentral Mosambik treffen und wahrscheinlich auch diesen Damm zerstören. Ein Szenario, dass man sich gar nicht vorstellen möchte.

Nach dem Durchfließen des Karibasees erreicht der Sambesi ein breites und lang gestrecktes Tal. Hier erreicht der Fluss eine Breite von mehr als 5 km. In der Regenzeit bildet sich ein riesiges Überschwemmungsgebiet, das geradezu ideal für Flusspferde und Krokodile ist.

Einer der größten Stauseen der Welt

Auf seinem Weg zum Indischen Ozean wird der Sambesi zu einem der größten Talsperren der Welt aufgestaut. Nur wenige

Hundert Kilometer nach dem Kariba Staudamm wird hier der Fluss zur gigantischen Cahora-Bassa, bzw. zur früheren Cabora-Bassa-Talsperre. Hier häufen sich die Superlative. Eine 165 Meter hohe Staumauer, ein Stausee mit 250 km Länge, eine Wasserfläche mit 2.800 km² und eine Kraftwerksleistung von über 2.000 MW.

Nahezu 100% der Stromerzeugung geht an Südafrika. Der Eigenbedarf für Mosambik muss von dort zurückgekauft werden.

Sambesi Flussdelta

Langsam neigt sich die lange Reise des Sambesi zum Ende. Nach einer fast 3.000 km langen Strecke ergießt sich der Sambesi in einem großen Delta ins Meer, den Indischen Ozean. Das weit verzweigte Delta besteht aus Mangroven-Sümpfen. Hier ist Schluss für die Elefanten, denn hier vermischt sich das Süßwasser mit dem Salzwasser des Indischen Ozeans.
Eine Reise entlang des Sambesi ist Faszination pur, auch dann, wenn man nur Teilstrecken erkunden kann.

In diesem Kapitel enthaltene Links:
Bericht über die Viktoria Fälle
https://afrikaspezialist.com/gefahren

Mit dem LowCostWeltenbummler nach Sun City

Nachdem ich mich schon mal im Hinterland von Südafrika rumtreibe, wollte ich auch noch einen Abstecher nach Sun City machen.
Sun City ist ein Freizeit- und Vergnügungskomplex etwa 150 km nordwestlich von Johannesburg bzw. Pretoria.
Sun City liegt mitten im sogenannten High Veld, so nennt man in Südafrika die plateauartigen Höhenlagen im Hinterland Südafrikas.
Sun City ist aber auch außerordentlich teuer, jedenfalls wenn man sich für die wirklich guten Hotels entscheidet. Mit dem Low Cost Weltenbummler konnte ich diverse top Hotels bis zu 70 % günstiger buchen.
In unmittelbarer Nähe liegt der Pilanesberg Nationalpark. Der Park liegt traumhaft schön, zu Füßen des ca. 1.700 m hohen Pilanesberg, einem erloschenen Vulkan mit grandioser Weitsicht.

Elefanten auf Wanderschaft

Ein Wildpark, der seine Existenz einer Tier Umsiedlung verdankt.

Der ca. 55.000 Hektar große Park wurde im Jahre 1979 für die Operation Genesis gegründet. Das damals noch unabhängige Bophuthatswana organisierte das größte Tier Umsiedlungsprogramm der Welt. Über 7.000 Tiere wurden aus anderen Nationalparks umgesiedelt. Hier findet man heute auch die Big Five.
Sun City wurde von einer internationalen Hotelgruppe um den Unternehmer Sol Kerzner gegründet. Im südlichen Afrika herrschte überall die Apartheid vor. Im damals noch selbständigen Bophuthatswana gab es weder Apartheid noch ein Glücksspielverbot, im Gegensatz zum „weißen" Südafrika.

Ein Visionär mit sehr viel Geld

Diese Tatsache machte sich Sol Kerzner zunutze und investierte hunderte von Millionen in das Resort der Sun International. Die Hotelgruppe ist bekannt für seine Casinos, internationalen Shows, luxuriösen Hotelanlagen, künstlich angelegten Wasserfällen, Golfplätzen mit internationalem Standard und jede Menge Sportanlagen. Nach Sun City kommen täglich bis zu

50.000 Besucher. Was alleine in den Casinos umgesetzt wird, kann man nur erahnen.
Internationale top Promis tragen maßgeblich zu den hohen Besucherzahlen bei.

Sun City

Dass Sun City als Las Vegas Südafrikas bezeichnet wird, ist mehr als berechtigt. Unter den Einheimischen wird Sun City auch als „Sin City", oder Sündenstadt bezeichnet.

Vergnügen und Unterhaltung stehen im Vordergrund.

Gegenüber der Gründung im Jahr 1979 hat sich eine ganze Menge getan. Es kamen etliche Sterne-Hotels, Spielcasinos und Freizeitparks hinzu. Sportanlagen, Restaurants und Konferenzräume sowie Shows und Veranstaltungen haben das Angebot ergänzt.
Hier ist für jeden etwas dabei. Durch das Freizeitangebot und die Nähe zu den Großstädten Johannesburg/Pretoria einerseits und dem nahe gelegenen Nationalpark mit großem Wildtierangebot entwickelte sich Sun City zu einem der beliebtesten Reiseziele Südafrikas mit jährlich steigenden Besucherzahlen.

Nationalpark bei Sun City

Internationale, namhafte Weltstars gaben und geben sich ein Stelldichein. Auch hier gilt Las Vegas als Vorbild.
Ein weiterer Touristenmagnet in der unmittelbaren Umgebung von Lost City ist eine künstliche „versunkene Stadt", die an untergegangene afrikanische Kulturen erinnern soll - mit in Stein gehauenen Figuren und anderen Attraktionen. Unter anderem liegt dort das Hotel „Palace of the Lost City", das als eines der besten der Welt gilt – inoffiziell wird es mit sechs Sternen kategorisiert.

Spitzenhotel zu bezahlbaren Preisen

In Sun City stehen Gästen insgesamt vier weitere, beeindruckende Hotels zur Verfügung. Wenn du auf der Suche nach Ruhe und Abgeschiedenheit oder einem persönlichen Hotel bist, ist Sun City sicher nicht das Richtige. Hier sind die Hotels beeindruckend, groß und dank zahlreicher Restaurants und Bars auf die hohen Besucherzahlen eingestellt.

Hotel Palace of the Lost City

Das bekannteste und eindrucksvollste aller Sun City Hotels ist sicherlich das weiter oben schon erwähnte Hotel Palace of the Lost City. Erbaut im Stile eines afrikanischen Palastes ist die gesamte Einrichtung und Dekoration überschwänglich: Lebensgroße Bronzeelefanten, handbemalte Decken und ein künstlicher Dschungel machen das Hotel zu einem Palast der Fantasie.
Nach den spektakulären, künstlichen Wasserfällen im Garten benannt, ist das Hotel "The Cascades" die ideale Wahl für Gäste, denen der Aufenthalt im Palace einfach zu teuer ist, obwohl es auch fünf Sterne hat.

Mit dem Low Cost Weltenbummler richtig viel sparen!

Sun City ist leider nicht gerade billig. Wenn man allerdings rechtzeitig vorsorgt, geht das auch anders. Hier ein Video, das Ralf Schmitz in Kapstadt für mich aufgenommen hat, um mir dafür zu danken, dass ich ihm ein paar Tipps geben konnte, die ihm geholfen haben. Verreisen mit enormen Rabatten oder gar kostenlos, ist jetzt jederzeit möglich. Hier gibt es auch einen "Dankeschön Rabatt". Sieh' dir das Video an!

https://afrikaspezialist.com/kostenlos-reisen

Vielfältige Angebote machen den Restaurantbesuch abwechslungsreich. Man muss die Preise immer relativieren. Für uns Europäer ist auch das Palace of the Lost City mit einem Preis von ca. 250 Euro pro Doppelzimmer recht preiswert, wenn man bedenkt, dass es sich um ein absolutes Top-Hotel handelt. Das Cascade kann man schon für ca. 100 Euro pro Doppelzimmer buchen. Ein echtes Schnäppchen, wenn der Besuch nicht gerade in der Hauptreisezeit liegt.
Im zum Cascade gehörenden Fishmonger Restaurant haben wir schon zu Abend gegessen. Dort gibt es vorwiegend Seafood, aber bester Qualität. Schön ist es, dass man halb draußen in tropischer Atmosphäre sitzen kann. Das Angebot ist umfassend.

Eine schöne Golfanlage bei Sun City, wird auch von Top Profis gerne gespielt

Sportanlagen ergänzen das Freizeitangebot.

In Sun City gibt es zwei herausragende 18-Loch-Golfplätze mit einem Par 72 Standard. Die südafrikanische Golf Legende Gary Player hat den Course maßgeblich mitgestaltet. Die beiden wunderschönen Plätze sind eine Herausforderung für jeden, der sein Handicap verbessern will.
Die imposante Wasserwelt des Valley of Waves, ein Strand mit künstlichen Wellen, lädt zum Baden ein.

Beliebter Strand nahe Sun City

Überhaupt, Sun City ist einerseits so gar nicht Afrika, andererseits eine tolle Abwechslung, bei der einem wirklich viel geboten wird für sein Geld.

Von Kapstadt nach Durban mit dem Allrad

Wenn man von Kapstadt nach Durban mit dem Auto fährt, bietet es sich an, die Wild Coast ein wenig genauer zu betrachten.
In Port Elisabeth endet die Garden Route und über East London kommt man nach weiteren ca. 1.000 km nach Durban. Zwischen Port Elisabeth und Durban erstreckt sich die Wild Coast, eine herb-romantische Küstenlandschaft, entlang des Indischen Ozeans.

Port Elisabeth lebt von der Industrie

Im Gegensatz zu Port Elisabeth, das stark von Industrie geprägt ist (hier haben die großen Autofirmen ihre Produktionsstätten), gilt Durban als multikulturelles und touristisches Zentrum. Wenn man die Strecke von P.E., so wird Port Elisabeth von den

Einheimischen genannt, nach Durban wirklich mit dem Auto zurücklegen will, sollte man entsprechend viel Zeit mitbringen.

Port Elisabeth

Von Kapstadt nach Durban sind es immerhin rund 1.800 km. Die Strecke durch die ehemalige Transkei zwischen P.E. und Durban hat zum Teil sehr schlechte Stichstraßen und führt nicht immer entlang der Küste. Die Wild Coast ist durchaus sehenswert, man darf aber nicht vergessen, dass man viel Zeit für die Zubringer „vergeudet“, weil man immer zwischen der ca. 50 km entfernten Straße im Hinterland und der Küste hin und her pendeln muss, wenn man denn etwas von der traumhaft schönen Küste mitbekommen will.

Natürlich gibt es die Alternative, von P.E. aus mit dem Flugzeug nach Durban zu fliegen und die Zeit, die man „gespart“ hat, in Durban zu verbringen. Diese Inlandsflüge sind durchaus preiswerte Varianten, die man immer im Auge behalten sollte. Man spart zwar Zeit, verpasst aber die Aussicht auf eine der schönsten Küsten Südafrikas, die Wild Coast.

Die Wild Coast

Die Wild Coast ist ein ca. 270 km langer Küstenabschnitt von East London bis etwa Port Edward im Osten. Der Abschnitt entspricht damit ziemlich genau der Küstenlinie der früheren Transkei. Der Name Wild Coast ist durchaus berechtigt. Eine Vielzahl von kleineren und größeren Flüssen münden in den tiefblauen Indischen Ozean. Zahlreiche Täler und Hügel machen ein Weiterkommen beschwerlich. Felsiges Gebiet und Sandbänke wechseln sich mit Wäldern einheimischer Baum- und Straucharten ab. Hügeliges Grasland, steile Klippen und weiße Strände sind typisch für eine von Südafrikas aufregendsten und zugleich naturbelassensten Gegenden, die das ganze Jahr hindurch einen besonderen Reiz ausüben.

Wild Coast

Die Wild Coast wird dank der teils spektakulären Landschaft, dem warmen Klima und breiten Strände vor allem touristisch genutzt. Die Ferienorte sind meist recht abgelegen und locken auch alternativ gesinnte Urlauber an.

Ein Paradies für Wanderfreunde und Naturliebhaber

Entlang der Küste können mehrtägige Wanderungen unternommen werden. Das Überqueren der diversen Flüsse ist nicht ganz einfach und muss unter Umständen schwimmend bewältigt werden. An den meisten Ufern gibt es dschungelartige Wälder. Querfeldein sind sie undurchdringlich.

Nur einzelne dünne Pfade führen durch das Dickicht.
Wer hier wandern will, braucht vor allem eine ordentliche Kondition.

Nicht zu unterschätzen ist, dass das Gelände sich dauernd durch steile Aufstiege, grobe Felsformationen steil abwärts zum Strand und den Sandbänken abwechselt. Und dann schließlich alles wieder von vorne! Glaub' mir, das schlaucht.

Die Heimat von Nelson Mandela

Hinter den einfachen Lehmhütten weidet das Vieh der Bauern, das versucht, das wenig nahrhafte Gras und Gestrüpp auszurupfen.

„Wenn man einen großen Hügel erklommen hat, sieht man erst, dass noch viele Hügel mehr zu erklimmen sind", soll Nelson Mandela einmal gesagt haben. Recht hat er.

Der Friedensnobelpreisträger und Freiheitsheld Nelson Mandela kommt aus dem nahe gelegenen Heimatort Qunu, in dem er nur knapp hundert km landeinwärts zur Welt gekommen ist. Mit dem Auto braucht man für die extrem holprige Strecke der ehemaligen Transkei gut zwei Stunden.

Blick auf Qunu

Das Nelson-Mandela-Museum

Kurz vor Umtata, der Hauptstadt der Transkei, liegt links der N2 das Dörfchen Qunu.
Das Museum ist auf drei Orte in der Ost-Kap-Provinz aufgeteilt worden: Umtata, Qunu und Mvezo.
Nelson Mandela hat in den Jahren nach seiner Freilassung von Robben Island von der Bevölkerung und von Regierungen aus aller Welt eine große Zahl an Geschenken für seine Verdienste im Kampf für Frieden und Demokratie erhalten.
Bei der Entgegennahme hatte er erklärt, dass er diese im Namen aller Südafrikaner entgegennehmen würde. Er äußerte den Wunsch, die Geschenke zur sicheren Verwahrung und Wertschätzung in oder in der Nähe seines Heimatdorfes Qunu ausstellen zu dürfen. Später wurde das Museum auf die drei Orte Umtata, Qunu und Mvezo verteilt.

Die Transkei ist das Armenhaus Afrikas.

Die Provinz Eastern Cape, in die die Transkei integriert wurde, ist das Armenhaus Südafrikas. Die ländliche Idylle und die unglaubliche Ursprünglichkeit kann nicht darüber hinwegtäuschen, wie bitterarm die Bevölkerung hier ist. Die Menschen, die zum Stamm der Xhosa gehören, sind aber von einer unglaublichen Freundlichkeit und Hilfsbereitschaft ausgezeichnet. Das geht soweit, dass einheimische Fischer Besucher zu ihren besten Fanggründen mitnehmen. Wunderbare Fische und herrliche Langusten sind einem sicher.

Video: Petri Heil
https://afrikaspezialist.com/video-petri-heil

Aber auch ohne die Hilfe Einheimischer ist der Küstenstreifen bei Anglern beliebt. Im Sommer kann man hier riesige Fische fangen. Im Herbst wimmelt es hier von Sardinen, die wiederum Raubfische anlocken. Gewaltige Sanddünen, große Austernbänke und wunderschöne Strände mit sehr warmem Wasser sind beste Voraussetzungen für Familien. Frischer als hier, kann man Meeresfrüchte nicht bekommen. Die Wild Coast ist auf jeden Fall einen Besuch wert.

Durban, das Miami Afrikas Kapstadt

Eine Strecke voller Highlights. Ich bin mir nie ganz sicher, ob ich Kapstadt oder Durban schöner finde. Beide Städte sind etwas ganz Besonderes und unglaublich schön. Aber der Reihe nach.

Wenn man von Kapstadt aus die Ostküste entlang nach Durban fährt, erlebt man die Garden-Route in seiner ganzen Schönheit mit Highlights, die für einen ganzen Kontinent ausreichen würden.

Jetzt geht es weiter, über East London und Grahamstown, nach Durban.

Bischofssitz Grahamstown

Wenn man selber mit dem Auto nach Durban unterwegs ist, kommt man auf der 300 km langen Strecke zwischen East London und Port Elisabeth nach Grahamstown. Hier lohnt es sich durchaus, einen längeren Halt einzulegen. Der historische Ort wird auch „Stadt der Heiligen“ genannt. 60 Kirchen ragen mit ihren mehr oder minder schlanken Türmen in den Himmel.

Im Jahre 1853 erhielt Grahamstown einen Bischofssitz.
Durch Britische Siedler ab dem Jahr 1820 wuchs Grahamstown stark und wurde zum Verwaltungsschwerpunkt der östlichen Kapprovinz neben Kapstadt. Durch stetige Angriffe und Plünderungen durch die Xhosa zogen die Farmer in die Stadt, was Grahamstown stetig wachsen ließ.

Grahamstown, eine Stadt mit mehr als 60 Kirchen

Heute ist Grahamstown eine Kleinstadt mit einer Menge Viktorianischer und historischer Gebäude, die unter Denkmalschutz stehen.

Die High Street bildet das Zentrum der Stadt. Dort und in unmittelbarer Nähe befinden sich auch die wichtigsten Sehenswürdigkeiten.

Rhodes Universität. Klein aber fein.

1904 wurde die Rhodes Universität gegründet. Rhodes ist eine kleine Universität mit herausragenden Ergebnissen beim Bachelor und den Abschlussquoten allgemein. Die Rhodes Universität ist eine Non-Profit Uni für ca. 7.000 bis 8.000 Studenten. Anerkannte Abschlüsse wie Bachelor-Abschlüsse, Master-Abschlüsse und Doktortitel in den verschiedensten Bereichen werden angeboten. Die hohe Qualität sowohl der Lehrer als auch der Studenten ist verbrieft.

Die renommierte Rhodes Universität

Im Juli wird eines der populärsten Festivals gefeiert, an dem in jedem Jahr eine halbe Million Theater- Musik- und Kunstfreunde teilnehmen.

Immer prima Klima in Durban.

Durban, die unbekannte Weltstadt, Wirtschaftsmotor und Urlaubsparadies zugleich mit den schönsten Sandstränden des südlichen Afrika.

Wenn man an der Strandpromenade den Sonnenaufgang beobachtet, könnte man vergessen, dass es erst sieben Uhr morgens ist und eigentlich Winter in Europa.
In Afrika ist Durban ein Synonym für Entspannung, gute Laune und Ferien. Die Stadt ist das Urlaubsparadies der ganzen Nation. Kein schlechtes Wetter, jeden Tag Badetemperatur direkt am indischen Ozean, der hier ganzjährig durch den tropischen Agulhasstrom aufgeheizt wird.

Ein WM Stadion wie ein Weltwunder

Direkt am Indischen Ozean haben die Südafrikaner für die Fußball Weltmeisterschaft 2010 eines der schönsten Stadien der Welt aufgebaut.

Das WM Stadion in Durban gehört zu den schönsten Bauwerken der Welt

Das WM Stadion ist zu einem Wahrzeichen geworden, das mit einem Atemzug mit der Oper von Sydney, der Freiheitsstatue und der Christus Statue in Rio verglichen wird. Das Stadion ist auf 85.000 Plätze erweiterbar und damit geeignet, falls eines Tages nach Südafrika die Olympischen Spiele vergeben werden sollten.

Durban ist eine quirlige Millionenstadt und wichtiger Motor der Wirtschaftsmacht Südafrika. In Durban gibt es den größten Containerhafen der südlichen Hemisphäre mit mehreren Universitäten, einem neuen internationalen Flughafen und einem der schönsten Surfreviere der Welt.

Vor Durban liegt eines der schönsten Surfparadiese Afrikas

Es ist einfach unverständlich, warum in Europa kaum jemand weiß, was Durban alles bietet in einer der schönsten Städten der Welt und das, bei den Wechselkursen, auch noch ausgesprochen preiswert.

Mahatma Gandhi war in Durban tätig

In der Stadt mit den vielen historischen Gebäuden kann man in schicken Restaurants wunderbar essen. Man merkt, dass der Anteil der indischen Bevölkerung bei mehr als 20% liegt. Nachdem die Briten die Regionmitte des 17. Jahrhunderts annektiert hatten, bekam sie später den Status einer eigenen Kolonie.

„Little India ist ein Traum mit reizvollen Sehenswürdigkeiten, Geräuschen und Düften. In Durban befindet sich die größte indische Bevölkerungsdichte außerhalb Indiens und die beeindruckende Juma Masjid Moschee.

Die Juma Masjid Moschee in Durban ist einen Besuch wert

Durch den Kolonialstatus stieg Durban zum wichtigsten Hafen- und Handelsplatz im südlichen Afrika auf. Ab 1860 brachten die Briten Tausende indische Landarbeiter nach Natal, die über den Hafen Durban einwanderten. Sie erlangten stetig mehr Einfluss auf die Stadt. Die Nachkommen sind heute ein beträchtlicher Teil der Bevölkerung.

Während seines Aufenthalts in Südafrika von 1893 bis 1915 arbeitete Mahatma Gandhi für längere Zeit als Anwalt in Durban.

Hinter der Stadt die „Big Five“

Nördlich von Durban beginnt die „Dolphin Coast“, die von den Einheimischen so genannt wird, weil oft Delfine bis dicht an den Strand kommen. Nach Norden ziehen sich die Zuckerrohr Plantagen wie ein grüner Teppich bis an den Horizont.

Bunte Korallen und Schwämme sind ein wundervoller Anblick im Flachwasser.

Glasklares Wasser ermöglicht solche Ansicht

Auf erstklassigen Straßen erreicht man bei St. Lucia das größte Wasserschutzgebiet des Kontinents und das UNESCO Welterbe iSimangaliso. Die 280 km langen Küstenlagunen gelten als die Everglades Afrikas.
Hier leben Leoparden, Hyänen, Elefanten, Nashörner, Warzenschweine, Impalas, Affen, Krokodile, Meeresschildkröten

und eine der weltgrößten Population an Nilpferden. Natürlich dürfen auch die Löwen nicht fehlen. So viel paradiesische Natur hat nicht einmal Florida zu bieten.

Eine Bootsfahrt ist ein Muss!

Auf eine Bootsfahrt auf dem St. Lucia See sollte man auf keinen Fall verzichten. Was man da vor allem an Hippos nur wenige Meter entfernt zu sehen bekommt, ist unglaublich. Die Bootsführer sind in der Regel sehr fachkundig und erzählen interessante Episoden. Ein kleiner Tipp am Rande: Schau', dass du ein kleines Boot erwischst. In den großen Booten sieht man nicht so viel, weil man nicht immer an der Reling sitzen kann und, was nicht zu unterschätzen ist, es kann Mitfahrer geben die sehr nerven können!

Ein beeindruckender Rundumblick mit Highlights, die einzeln anklickbar sind.
https://afrikaspezialist.com/rundumblick

Südafrika ist leider nicht gerade billig. Besonders, wenn man - wie ich - mit Allrad und auf eigene Faust unterwegs ist. Wenn man allerdings rechtzeitig vorsorgt, geht das auch anders. Hier ein Video, das Ralf Schmitz in Kapstadt für mich aufgenommen hat, um mir dafür zu danken, dass ich ihm ein paar Tipps geben konnte, die ihm geholfen haben.

Verreisen mit enormen Rabatten oder gar kostenlos, ist jetzt jederzeit möglich. Hier gibt es auch einen "Dankeschön Rabatt" für meine Leser, also für dich.

Ich wende den Low Cost Weltenbummler bei all meinen Reisen erfolgreich an und kann ihn mit gutem Gewissen jedem empfehlen, der gerne reist.
Hier geht es zum Video mit den Rabatten

https://afrikaspezialist.com/kostenlos-reisen

Im Ausland den richtigen Mietwagen finden - Die heikle Suche eines Mietwagens

Ich war Anfang diesen Jahres wieder mal für rund sechs Wochen in Namibia unterwegs. Dort hatte ich einen Bekannten getroffen, der mit seinem Mietwagen so einige Probleme hatte, weil er einige Grundregeln beim Mieten eines Geländewagens nicht beachtet hatte.

Er hatten in Namibia einen Geländewagen gemietet, um mit dem 4x4 kreuz und quer durch das Land zu fahren und sich einige der vielen Sehenswürdigkeiten auf eigene Faust und ohne Guide anzusehen.

Aus gegebenem Anlass hier einige Tipps, die beim Suchen nach einem geeigneten Mietwagen von Nutzen sind. Freunde von mir sind allerdings auch in Europa schon fürchterlich übers Ohr gehauen worden. Das ist aber nicht nötig, wenn man sich gut vorbereitet hat.

Hier bin ich mit einem Privatwagen unterwegs.

Ein geeignetes Fahrzeug finden

Doch wie findet man ein gutes und möglichst auch günstiges Fahrzeug? ADAC und Autoclub ACE geben gerne Tipps, die nicht nur für Namibia hilfreich sind, sondern auch für die Autosuche in Europa.

Rechtzeitig buchen

Wenn man sich rechtzeitig vor dem Urlaub um ein Fahrzeug kümmert, kann man die Angebote und die Bedingungen in Ruhe prüfen und muss sich nicht auf die Angebote verlassen, die am Flughafen-Schalter der Autovermieter noch verfügbar sind.

Ausgiebige Vergleiche sparen viel Geld

Wenn man Zeit hat, kann man in Ruhe diverse Angebote auch im Internet vergleichen. Direktanbieter und diverse Vergleichsportale sorgen für Konkurrenz und günstige Preise. Stichproben haben ergeben, dass man in manchen Fällen über 100% einsparen kann.

Neben Direkt-Angeboten von den großen Anbietern wie Avis, Europcar, Hertz, Sixt oder Verleihern, die man nur vor Ort im jeweiligen Reiseland findet, gibt es einige Mietwagen Broker. Portale wie Billiger-Mietwagen.de, Check 24.de oder Mietwagen-Check.de haben für fast jeden Bedarf das passende Angebot mit Preisvergleichen in einer Übersicht aufgelistet.

Mit Zeit und Geduld kann man viel Geld sparen

Um wirklich das beste Angebot zu erhalten, ist es allerdings notwendig, die einzelnen Angebote, auch von den Bedingungen her zu vergleichen. Um billige Lockvogel Angebote erkennen zu können, ist es wichtig, „das Kleingedruckte" zu vergleichen.

Wie hoch ist die Selbstbeteiligung im Schadensfall? Sind unbegrenzte Kilometer enthalten? Ist das Fahrzeug Vollkasko versichert, möglichst mit Diebstahlschutz ohne Selbstbeteiligung?

Speed kills

Eine gute Absicherung ist im Ausland notwendig

Eine Vollkaskoversicherung ohne Selbstbeteiligung und Diebstahlschutz ist zugegebenermaßen teurer. Eine gute Vollkaskoversicherung ohne Selbstbeteiligung bedeutet aber, dass der Kunde im Schadensfall nicht unter Umständen sehr hohe Summen vorstrecken muss. Eine Solche Versicherung ist bei den diversen Brokern doch deutlich billiger zu bekommen, als bei Direktanbietern.
Hier gibt es allerdings den Nachteil, dass in einem Schadensfall der Kunde den „geblockten Betrag auf der Kreditkarte" erst einmal los ist, bis der Fall abgewickelt worden ist. Der Kunde bekommt zwar das Geld vom Broker zurückerstattet, das kann allerdings Wochen oder sogar Monate dauern.

Weiter gilt es zu beachten, dass Schäden an Reifen, Felgen oder Glas mitversichert sind, was allzu oft nicht der Fall ist.

Die Buchungsbestätigung genau prüfen

Wenn man die Buchungsbestätigung genau geprüft hat, kann es einem auch nicht passieren, dass plötzlich vor Ort ein anderes Fahrzeug angeboten wird, weil der gebuchte Wagen gerade nicht verfügbar ist oder Zusatzversicherungen aufgedrängt werden.

Auf freie Fahrt und unbegrenzte Kilometer achten

In Namibia kann es sein, dass bestimmte Strecken mit dem Mietwagen nicht befahren werden dürfen. Der Van Zyl's Pass gehört zu den gefährlichsten Abfahrten Namibias und ist fast immer für Mietwagen gesperrt. (Bin ihn gefahren, allerdings mit dem Farm-Wagen meines Bruders).

Haarige Abfahrt

Auf Kleingedrucktes achten

Ein wichtiger Aspekt ist auch, wo und wann ich das Fahrzeug abholen und wieder abgeben kann. Wenn ich von Namibia nach Südafrika fahre, gibt es da durchaus mit manchen Anbietern Probleme. In den meisten Fällen muss das Fahrzeug in Namibia wieder da abgegeben werden, wo es abgeholt wurde. Das kann zum Problem werden.

Die fairste Regelung ist, wenn es keine Begrenzung der Kilometer gibt. Die Kilometer sollten im Tagessatz enthalten sein, zumal man nicht endlos an einem Tag fahren kann. Weiter sollte man darauf achten, das Fahrzeug vollgetankt zu übernehmen und voll getankt wieder abzugeben. Nachträgliche Belastung von Kilometern und Benzin bzw. Diesel kann es dann nicht geben. Eventuell vorhandene Schäden am Mietwagen müssen dokumentiert werden. Ein Foto kann da recht hilfreich sein.

Was braucht man sonst noch?

In Europa kann man alles schnell besorgen und auch ein fehlender Kindersitz ist schnell ersetzt. In Afrika ist das ein wenig problematischer.

Wer in den endlosen Weiten Namibias unterwegs ist, muss gut ausgerüstet sein. Wenn man auf Schotterpisten unterwegs ist, empfiehlt es sich, einen zweiten Ersatzreifen dabei zu haben. Natürlich ist es notwendig, für genug Benzin bzw. Diesel gesorgt zu haben. Mehrere Hundert Kilometer ohne Tankstelle sind normal.

Hier ein Bericht von früher zur Info:
http://afrikaspezialist.com/hoellische-abfahrt-vom-van-zyls-pass/

Wasservorrat ist lebensnotwendig!

Ein Kanister mit ca. 15 Liter Wasser pro Person ist ratsam. Wasser ist in Namibia Mangelware.

Gerade offroad bietet es sich an, ein GPS dabei zu haben. Und wenn wir schon dabei sind: Ein Satellitentelefon wäre auch nicht schlecht, denn wenn man hängen bleibt, kann es Tage dauern, bis jemand beginnt dich zu suchen, wenn er denn weiß, wo er suchen soll.

Ich bin sicher, ich habe noch eine Menge an Tipps vergessen, die hilfreich sein könnten. Wichtig war und ist mir, dass du dir selber rechtzeitig Gedanken darüber machst, was alles gebraucht wird.

Natürlich ist es ein Unterschied, ob ich von Hamburg zum Bodensee fahre, auf Mallorca einen Mietwagen brauche, oder ob ich im südlichen Afrika einen Mietwagen buchen will. Die Voraussetzungen sind aber in allen Fällen ähnlich.

Hier ein Beitrag mit Tipps, den ich schon vor längerer Zeit geschrieben habe. Diese Tipps können in Afrika dein Leben retten.

https://afrikaspezialist.com/sicherheit

Würde mich freuen, wenn ich für die nächste Reise ein paar Anregungen geben konnte und du gut und heile „über die Runden kommst".

Die Gardenroute

Ein beliebtes Urlaubsziel in Südafrika ist die Garden Route, die sich perfekt für eine Reise mit einem Mietwagen eignet. Dabei handelt es sich nicht um eine Strecke, sondern die Gegend entlang der Südküste. Hier wechseln sich Traumstrände mit immergrünem Regenwald ab. Romantische Seebäder und die wildromantische Berge prägen die Landschaft.

Garden Route

Südafrika: Reise- und Sicherheitshinweise

https://afrikaspezialist.com/auswaertiges-amt

Allgemeine Reiseinformationen

Wasserknappheit in der Kapregion

Infolge einer schwerwiegenden Wasserknappheit in der Kapregion wurden am 1. Februar 2018 die Wasserrestriktionen in Kapstadt auf Stufe 6B verschärft. Für Privathaushalte wird damit das monatliche Limit auf 6 cbm reduziert, d.h. auf 50 Liter pro Person/Tag (d.h. auf weniger als die Hälfte des Durchschnittsverbrauchs in Deutschland).

Privathaushalte, Besucher, Unternehmer und die Landwirtschaft bleiben weiterhin verpflichtet, sich an die Restriktionen zu halten. Weitere Informationen erteilt das deutsche Generalkonsulat in Kapstadt (https://afrikaspezialist.com/wasserknappheit) und die City of Cape Town.

Versorgung im Notfall

Reisende nach Südafrika sollten unbedingt auf einen ausreichenden Reisekrankenversicherungsschutz (https://afrikaspezialist.com/reisekrankenversicherung) achten, der im Notfall auch einen Rettungsflug nach Deutschland abdeckt (siehe auch Medizinische Versorgung).

Reisen über Land

Sowohl organisierte Gruppenreisen als auch Individualtourismus sind möglich. Wenn du alleine oder in einer kleinen Gruppe reist, empfiehlt es sich, einen Mietwagen zu nehmen, denn die öffentlichen Nahverkehrsnetze sind unsicher und unübersichtlich. Der öffentliche Fernverkehr hingegen funktioniert in aller Regel zuverlässiger.

Abgeraten wird vom Benutzen der Vorortzüge in Johannesburg, Pretoria, Durban und in Kapstadt. Falls die Züge gleichwohl genutzt werden, empfiehlt es sich, in der 1. Klasse und nur zu Hauptverkehrszeiten am Tage zu reisen.

In Südafrika fahren die Verkehrsteilnehmer auf der linken Seite. Die großen Überlandstraßen in Südafrika sind zumeist in gutem Zustand. Nebenstraßen hingegen sind vor allem in ländlichen Gegenden oft unzureichend gesichert und von schlechter Qualität.

Zum Teil haben Verkehrszeichen eine andere Bedeutung als in Deutschland. So bedeutet z.B. ein grün erleuchteter Abbiegepfeil an der Ampel - im Gegensatz zu den Regeln in Deutschland -

nicht, dass weder auf Fußgänger noch Gegenverkehr geachtet werden muss. Erst, wenn der grüne Abbiegepfeil blinkt, ist nicht mehr mit Fußgängern und Gegenverkehr zu rechnen.

In Südafrika gibt es viele „4-way-stop-Kreuzungen", d.h. dass alle Autos an der Kreuzung zunächst halten müssen. Die Weiterfahrt erfolgt dann entsprechend der Ankunftsreihenfolge, d.h. das Auto, das als erstes an der Kreuzung gehalten hat, fährt auch als erstes wieder los. Diese Regel wird auch angewendet, wenn Ampeln an Kreuzungen ausfallen. Sowohl Stop-Schilder als auch Geschwindigkeitsbeschränkungen sollten im eigenen Interesse stets beachtet werden.

In Südafrika gibt es viele Radarkontrollen. Bei Verstößen ist mit hohen Geldbußen zu rechnen. Sollte mit Hinweis auf den fehlenden Wohnsitz in Südafrika von der Polizei eine Barzahlung an Ort und Stelle verlangt werden, entspräche dies nicht den Vorschriften. In solchen Fällen sollte die südafrikanische Korruptionshotline (fraud and anti-corruption hotline - 0800 00 28 70) verständigt werden.

Die Promillegrenze beträgt 0,5. Auf Autobahnen besteht oft Mautpflicht, die elektronisch verrechnet wird. Informationen bietet zum Beispiel AA-Toll-Tarifs.

Leider muss immer mit der Rücksichtslosigkeit anderer Verkehrsteilnehmer, insbesondere von Sammeltaxis, gerechnet werden. Das Linksüberholen ist, obwohl verboten, keine Seltenheit. Es empfiehlt sich eine äußerst defensive Fahrweise, sowie jegliche Auseinandersetzung mit anderen Verkehrsteilnehmern zu vermeiden. So sollte man weder auf seinem Recht beharren, noch dem anderen verbal oder durch Gesten kundtun, was man von ihm hält.

Die großen Städte werden zum Teil von scharfen Gegensätzen geprägt. Während bessere Wohngebiete oft großzügig angelegt

und gepflegt sind, bestehen die "Townships", in denen nach wie vor der Großteil der nicht-weißen Bevölkerungsgruppen lebt, aus überwiegend einfachen Häusern, Baracken oder slum-artigen Hütten. Townships sind nicht gleichzusetzen mit Slums, es gibt auch in Townships Wohngegenden der Mittelklasse. Vor allem die Townships, aber auch die Innenstädte der großen Städte wie Johannesburg, Pretoria, Kapstadt und Durban, leiden unter der hohen Kriminalität im Land.
Gelegentlich sind Landstraßen punktuell von Demonstrationen betroffen, wobei sich Gewalt schnell gegen zufällig vorbeikommende Verkehrsteilnehmer richten kann. Reisende sollten sich daher vor Abfahrt zum nächsten Ziel in ihrer Unterkunft erkundigen, ob die von ihnen gewählte Wegstrecke von Demonstrationen betroffen ist. Ggf. empfiehlt es sich, die betroffenen Strecken weiträumig zu umfahren.

Starke Regenfälle können zu Überschwemmungen in Nationalparks (wie im Krüger Nationalpark) führen. Wenn Reisende den Krüger oder einen anderen Nationalpark besuchen wollen, empfiehlt es sich - insbesondere in der Regenzeit (Januar bis März) - aktuelle Informationen bei SAN-Parks (South African National Parks http://www.sanparks.org/) abzurufen.

Führerschein

Der Internationale Führerschein ist erforderlich und nur in Verbindung mit dem nationalen deutschen Führerschein gültig.

Baden

Die Küsten Südafrikas laden zum Baden ein. Nicht außer Acht gelassen werden darf, dass es teilweise starke (Unter-)Strömungen gibt, die selbst erfahrene und geübte Schwimmer auf das Meer hinausziehen. In der Vergangenheit ist es immer wieder zu Badeunfällen gekommen. Neben den gefährlichen Strömungen stellen auch Haie eine potentielle Gefahr für Badende dar. Es wird dringend empfohlen, sich stets zu erkundigen, wo das Baden im Meer sicher ist und sich an bewachten Stränden aufzuhalten. **Nacktbaden ist strafbar.**

Geld/Kreditkarten/Bank

Landeswährung ist der Rand (ZAR). Bank- und Kreditkarten, die dem Maestro-System angeschlossen sind, können an internationalen Geldautomaten, die in den größeren Städten ausreichend vorhanden sind, benutzt werden. Bei der Wahl des Geldautomaten sollten Geldautomaten, die sich außen an Gebäuden befinden, gemieden werden. Besser ist es, die Geldautomaten in Shopping Malls, Supermärkten und Banken zu nutzen. Achtung vor Trickbetrügern, die vorgeben beim Geldabheben behilflich sein zu wollen, aber tatsächlich das Ziel verfolgen, die Bank-/Kreditkarte gegen eine Fälschung auszutauschen („card swapping“). Sollte man beim Geldabheben angesprochen werden, ist gesundes Misstrauen angesagt. Die meisten Geschäfte, Hotels, Restaurants und Tankstellen akzeptieren Kreditkarten. Es wird empfohlen, Kreditkarten bei anstehenden Zahlungen nicht aus dem Auge zu lassen. In vielen Restaurants und an Tankstellen ist es üblich, portable Kreditkarten-Lesegeräte zu nutzen. Bargeld (Euro oder US-Dollar) kann in den Metropolen überall gewechselt werden, sollte aber wegen der hohen Kriminalität nur in begrenztem Maße mitgeführt werden.

In jüngster Zeit sind in Südafrika vermehrt gefälschte 200,- Rand-Noten im Umlauf, die auch auf dem schwarzen Wechselmarkt an ausländische Touristen abgegeben werden. Beim Geldtausch ist zwingend der Reisepass vorzulegen.

Mobiltelefone mit deutschen SIM-Karten und Roaming-Funktion können in Südafrika benutzt werden. Für kurzfristige Aufenthalte in Südafrika können südafrikanische SIM-Karten übergangsweise gemietet werden, die allerdings nicht in allen Fällen Gespräche ins Ausland zulassen. Die großen südafrikanischen Mobiltelefonanbieter betreiben an den internationalen Flughäfen und in allen großen Städten Südafrikas Geschäfte, über die eine Anmietung gegen Vorlage des Reisepasses, des Einreisevisums und eines deutschen Adressnachweises unkompliziert erfolgen kann.

Besondere Zollvorschriften

Die Einfuhr von Fremdwährung ist unbeschränkt möglich, aber ab einem Gegenwert von 10.000 US-Dollar deklarationspflichtig.
Die Einfuhr der Landeswährung ist bis zu einem Betrag von 25.000 ZAR erlaubt und bei höheren Beträgen deklarationspflichtig.
Die Ausfuhr von Rand ist auf 5.000 ZAR beschränkt, von Fremdwährung auf den bei Einreise deklarierten Betrag.

Gebrauchte persönliche Gegenstände können zollfrei eingeführt werden.
Bei der Einfuhr von Jagd- und Sportwaffen nach Südafrika treten in jüngster Zeit vermehrt Schwierigkeiten auf. Reisende sollten sich hierzu rechtzeitig vor Abreise mit der für ihren Wohnort zuständigen Auslandsvertretung der Republik Südafrika in Verbindung setzen und möglichst dafür sorgen, dass ihr Reiseveranstalter vor Ort bei der Einfuhr Unterstützung leistet.

Weitergehende Zollinformationen zur Einfuhr von Waren erhältst du bei der Botschaft deines Ziellandes. Nur dort kann dir eine rechtsverbindliche Auskunft gegeben werden.
Südafrika ist ein Land an der Südspitze des afrikanischen Kontinents,

das mehrere ganz unterschiedliche Ökosysteme hat. Das Safariziel Krüger-Nationalpark im Landesinneren ist die Heimat großer Wildtiere. Am Westkap gibt es Strände, üppige Weinberge rund um Stellenbosch und Paarl, schroffe Felsen am Kap der Guten Hoffnung, Wälder und Lagunen entlang der Garden Route sowie Kapstadt unterhalb des Tafelbergs.

Packliste

Persönliches

- ☐ Flugticket
- ☐ Pass + Fotokopie vom Pass (Fotokopie ev. beim Partner einpacken)
- ☐ Impfpass
- ☐ Kreditkarte
- ☐ Geld
- ☐ Sonnenbrille
- ☐ Schweizer Taschenmesser
- ☐ Taschenlampe groß + klein (https://afrikaspezialist.com/taschenlampe)
- ☐ Adapter (unsere Stecker passen nicht, können aber auch vor Ort preiswert gekauft werden)

(https://afrikaspezialist.com/adapter)

Kleidung

- ☐ Safarihose
- ☐ Safarihemd
- ☐ Sonnenhut

- ☐ T-Shirts
- ☐ Unterwäsche
- ☐ Badehose
- ☐ Hut / Mütze
- ☐ Safarikleidung Herren (https://afrikaspezialist.com/herren-safari)
- ☐ Safarikleidung Damen (https://afrikaspezialist.com/damen-safari)
- ☐ Feste Schuhe (https://afrikaspezialist.com/schuhe)
- ☐ Hose mit Zip (morgens sehr kühl, tagsüber sehr heiß)
- ☐ Badesachen
- ☐ Wind- Regenjacke
- ☐ Pullover
- ☐ Sweatshirt oder leichter Pullover
- ☐ Kurze Hosen (Shorts)
- ☐ Socken
- ☐ Turnschuhe
- ☐ Feste Schuhe

Weniger ist mehr. Alle Touris nehmen viel zu viel Gepäck mit!

Medikamente

- ☐ Reiseapotheke
- ☐ Durchfallmittel
- ☐ Reisekrankheit?
- ☐ Fiebermittel
- ☐ Schmerzmittel zum Einnehmen
- ☐ Gel gegen Juckreiz, (Sonnenbrand)
- ☐ Alle Medikamente, die man auch Zuhause nehmen müsste
- ☐ Pflaster, Mullbinden
- ☐ Desinfektionsspray
- ☐ Sonnencreme (hoher UV Schutz)
- ☐ After Sun

Toilettenartikel

- ☐ Rasierapparat
- ☐ Rasierwasser
- ☐ Schere (Vorsicht, nur im Koffer, sonst wird beim Einchecken gefilzt)
- ☐ Nagel Set

iPhone (Smartphone) / Tablet

- ☐ Landesvorwahl Namibia: +264
- ☐ Fotoapparat - 32 + 16-er Karte
- ☐ Stativ für Zoomkameras (es reicht ein einfaches Standbein) (https://afrikaspezialist.com/stativ)
- ☐ Ladegeräte
- ☐ SIM-Karte
- ☐ Fotoausrüstung und ev. gutes Teleobjektiv (mindestens 300er)
- ☐ Action Cam (Go Pro?) (https://afrikaspezialist.com/action-cam)

Evtl. zu besorgen

- ☐ Koffer (Am Flughafen das Gepäck in Folie einwickeln lassen (Diebstahlschutz!)
- ☐ Reisetasch
- ☐ Rucksack (manchmal besser, als sperriger Koffer vor allem bei Busfahrten oder Rundflügen mit kleinen Maschinen, die nehmen keine Koffer mit!!) (https://afrikaspezialist.com/rucksack)
- ☐ Batterien für Taschenlampe, Kamera, iPhone (Smartphone) (https://afrikaspezialist.com/batterie)
- ☐ Ladestation für Foto, Handy und elektronische Gegenstände
- ☐ Gefrierbeutel mit Zip (Sicherung für Kamera, Handy und Kleidung vor Staub + Sand)

- ☐ Größere Klarsichthüllen, um Kleidung vor Staub zu schützen
- ☐ Land- und Straßenkarten
- ☐ Fotokopien vom Pass
- ☐ Ersatzbrille
- ☐ Sonnenbrille
- ☐ Armbanduhr
- ☐ Fernglas

Eine wirklich gute und vollständige Packliste findest du auch hier: https://afrikaspezialist.com/packliste

Trekkingrucksack

Alles muss mit. Wer autark für Tage durch die Wildnis wandern will, schleppt schließlich einen ganzen Hausrat spazieren mit Zelt, Schlafsack, Isomatte, Kocher - das komplette Programm. Deswegen besitzen Trekkingrucksäcke ein Volumen von 45 bis 90 Liter. Lasten über 20 Kilo sollten sich allerdings nur trainierte Trekker zumuten. Damit der Körper solche Belastung auf Dauer akzeptiert, brauchen die Rucksäcke individuell anpassbare Tragesysteme. Die grobe Differenzierung beginnt bereits bei der Wahl des Typs: Weiblich oder männlich. Da Frauen im Vergleich zu Männern meist einen kürzeren Rücken haben und längere Beine sowie ausgeprägtere Hüften, sind die Gurte und Polster und vor allem die sogenannten flexiblen Hüftflossen speziell auf die Bedürfnisse abgestimmt. Zusammen mit einem integrierten Alu-Gestell verlagert das System die Last von den Schultern auf die Hüfte.
Der Rucksack verfügt über ein separates Bodenfach, das von außen über einen Reißverschluss geöffnet wird. Damit die Suche in dem geräumigen Pack Sack darüber nicht zur Geduldsprobe wird, verfügt er ebenfalls über Reißverschlüsse, entweder vorne oder hinten. Dieser kleine Kompromiss an den Komfort erhöht

zwar latent das Gewicht, macht das Outdoor-Leben aber um vieles einfacher. Dasselbe gilt für den ergonomisch geformten Deckel, der dem Kopf viel Bewegungsfreiheit gewährt und nicht die Sicht versperrt.

Besonders hilfreich ist es, wenn ich unterwegs bin und schnell nachsehen kann, welche Lodge oder Gästefarm in der Nähe liegt. Eine solche Reise Sammlung ist eine geringe Investition und doch unglaublich hilfreich und vermittelt schon im Vorfeld viel Freude und lässt "den Mund wässrig" werden.

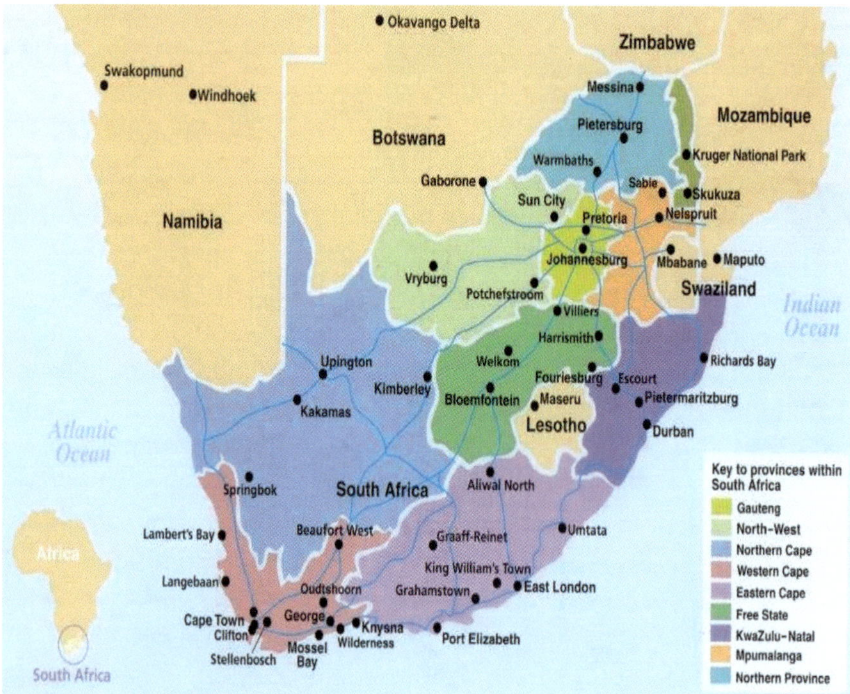

Landkarte Südafrika

Zusammenfassung & Fazit

In Südafrika ist das ganze Jahr Saison. Da Südafrika auf der Südhalbkugel liegt, sind die Jahreszeiten genau „spiegelverkehrt". Wenn in Deutschland z.B. der Herbst beginnt, ist in Südafrika Frühling. Die Übergangszeiten sind jedoch deutlich kürzer, als in Deutschland.

Hauptreisezeit ist der Südafrikanische Sommer (November bis März)
Dann ist es an der Küste sonnig und trocken. Im Januar und Februar nehmen die meisten Südafrikaner ihren Urlaub, was dazu führen kann, dass viele Strandhotels überfüllt sind.

An der Küste Natals und im Bereich des Kruger Nationalparks fallen im Sommer allerdings auch die meisten Regenfälle, zumeist in Form kurzer aber durchaus heftiger Gewitter und Schauer.

Wer hauptsächlich Tiere beobachten möchte, sollte eher die winterliche Trockenheit wählen (von April bis Oktober).
Ab August ist der Busch verbrannt und ausgetrocknet und das Wild kommt häufiger zu den Wasserstellen.

Wegen der häufigen Regenfällen sollte man das Kap und die Gardenroute vor allem zwischen Juni und August meiden. Besonders gut eignen sich April und Mai für eine große Südafrika-Rundreise.

Wer sich gerne einige Erfahrungen von anderen Reisenden holen möchte, findet unendlich viel Tipps und Erfahrungsberichte im Südafrika Forum. Hier der Link. https://www.suedafrika-forum.org/reise-informationen

Und Immer daran denken:

Egal, wie du dich entscheidest, es ist immer richtig.

Als ich das erste Mal nach Kapstadt geflogen bin, habe ich für einen Südafrikanischen Rand (ZAR) 4,-- DM bezahlen müssen. Das war ein ähnlicher Kurs, wie zum US $, der seinerzeit DM 4,60 kostete.

Heute bekommt man für einen Euro mehr als 16 ZAR. Preiswerter geht es nicht. Wenn man dann noch den Low Cost Weltenbummler nutzt, kann man noch einmal viel Geld sparen.

Hier der Link zum Low Cost Weltenbummler.
(https://afrikaspezialist.com/kostenlos-reisen)

In diesem Sinne wünsche ich dir einen wunderschönen Aufenthalt im südlichen Afrika.

Über den Autor

Dieses Buch ist vom ersten Buchstaben bis zum kompletten Einband vom Autor in Handarbeit erstellt worden. Sollte es Ecken und Kanten haben, freue dich darüber.
Es ist wie im richtigen Leben! Viel Spaß und Freude wünsche ich mit dem Inhalt dieses Buches.

Omaruru, Namibia
Hans-Jürgen Röttger

Mit der Anforderung der E-Books, Checklisten und White Paper meldest du dich zu meinem gratis E-Mail Newsletter mit praxisrelevanten Informationen zu Online Marketing und digitalem Marketing sowie meinen Büchern und Leistungen an (Datenschutz-, Versand-, Analyse- und Widerrufshinweise).

Traumland Südafrika, Reise durch eine andere Welt
Originalausgabe
Stand 2018 / 1

Ideen, Text und Titelgestaltung Hans-Jürgen Röttger

46583739R00070

Printed in Poland
by Amazon Fulfillment
Poland Sp. z o.o., Wrocław